振り回されない
魔法の言葉

精神科医
Tomy

エムディエヌコーポレーション

はじめに

はじめまして、精神科医Ｔｏｍｙと申します。実際に精神科医として診療に関わるかたわら、皆様が楽に生きられるような考え方について執筆活動も行っております。

今回のテーマは「他人に振り回されない」。人生における悩みのほとんどは人間関係だと言われております。

生きている以上は、関わりたくない人とも関わらざるを得ない。人間関係は喜びや楽しさも生みますが、ストレスの元にもなります。ただ同じような人間関係であっても、振り回されクヨクヨする人もいれば、あまり気にしない人もいる。

なぜこんな差がうまれるのでしょうか？　それは、人それぞれで人間関係の築き方や考え方がちょっと違うだけなのです。ほんの少しモノの見方や考え方を工夫すれば、ストレスの大きさも変わってくる。

この本では精神科医Ｔｏｍｙが水谷楓ちゃんというＯＬとワチャワチャしながら、その考え方について示していきます。といっても、肩に力を入れる必要はありません。リラックスしながら、ニヤニヤしながら、楽しく読んでいただければいつの間にかマスターできちゃいます。気になる方はぜひお手にとってくださいませ。

精神科医Ｔｏｍｙ

これまでのお話

しがないＯＬ、水谷 楓《かえで》はだらだらとテレビでユーチューブを見ていた。ふと『精神科医Ｔｏｍｙの人生クリニック』という番組を見つけた際に、うっかりテレビリモコンで「ＸＹＺ」と入力してしまった。するとテレビ画面から某ホラー映画の〇子のようにＴｏｍｙと名乗る精神科医が現れ、「四次元世界の専門医のレポート」の症例を集めるため、様々なお悩み相談に答えてくれるようになった。

レポートの症例がそろったためＴｏｍｙは四次元に帰ろうとしたが、楓に借金があり元の世界に帰れなかったため、引き続き楓の家に居候をすることになった。

登場人物紹介

水谷 楓

悩み多きOL。一見雑な性格に見えるが、色々なことを気にしてしまい、あれこれと悩みは尽きない。

根本 英輔

楓の恋人。楓の会社の取引先の社長である。爽やかで、背も高く、楓の会社でも噂のイケメン。性格も良く非の打ちどころがない。なぜ楓のことを好きになったのかは不明。

精神科医Tomy

四次元から来たという謎の精神科医。精神科医といいつつ、こちらの世界の医師免許は持っていないらしい。楓のアパートに居候し、押し入れを寝床としている。

目次

メール送った？
え？やってないの？
困るんですけどー…っ？
イライラ～
……

キャー
まぶしいっ
結婚式来てくださいねっ♥
これはもしやマウント…!?

あームリだわー
もしよかったら交代して…
え…?

誕生日おめでとう
あけてみて
え…なんかフツー…

来月のOB会セッティングお願いしまーす♥
はあああ!? また私が!?

あ——
スッ
考えておきますぅ〜
え

先パイ、やっぱり転職することにしました…
え!!
私のアドバイスは〜っ!?

これからもよろしく♥
やっつけコメント＆フォロー返しなし…だと？
……

日常は当たり前じゃない
一日一日を大切にね♥バーイ♥

プロローグ

見上げると、空の藍《あお》、少し目を落とせば薄紅の花の雲、下を向けば琴の音を奏でる小川。私は今、桜を見に来ている。でも誰かとではない。たった一人で。私は水谷楓。楓なんて名前がついているが、一番好きなのは桜である。自宅から最寄りの駅までは、桜の名所として有名な八条川が流れている。この季節は毎日見られるわけだが、私は真昼の太陽の光を浴びた桜の花の色が好きなのだ。週末になればもう満開ではない。残念なことに明日は雨の予報もある。

というわけで、真昼の太陽の下で最高の桜を見るためだけに、私は有休を使ったのである。

桜は美しく咲き誇っているのだが、数年前から続いているわけのわからない感染症のために、今年もお祭りは中止。従って花見客はちらほらとしかいない。

それと、犬と散歩する人ぐらい。

「あら、こんなところでおサボりですか」

橋の上から桜を眺めていると肩の後ろから声がした。もしかして、私の大好きな英輔さん？　だったらいいのだけれど、この声、このしゃべり方。そんなロマンチックな存在のはずはない。こいつは、以前（前作参照）テレビ画面の中から某ホラー映画の女性のように突然飛び出してきた、四次元の病院で働いているとかいう精神科医、Ｔｏｍｙに違いない。私は無視して桜を眺め続けることにした。

「あのね、さっき電子レンジで卵をゆで………」

「はああああああああああっ⁉」

私はふいに手を出されかみついた猛犬のような声を出して振り向いた。

「やだ怖い顔」

「やだ怖い顔じゃないわよ。アンタ、電子レンジに生卵を入れてそのままチンしたの⁉」

「はい。そうしたら卵が爆発してね………」

「んもおおおおおおおおおおおおお」

私の声が牛のように辺りに響き、ちらほらいた花見客の視線が一斉にこちらに注がれた。

「Ｔｏｍｙ、家に帰るわよ」

「は、はい」


電子レンジの中は予想通りの惨状であった。卵の殻や黄身や白身のかけらが飛び散り、隅々までこびりついている。そしてあろうことか、レンジ庫内のどこかの電球まで割れているではないか。

「ちょっとおお、もうこれダメじゃない。弁償よ」

はたで心配そうにしていたＴｏｍｙの顔が引きつった。

「は」

「これ意外といいやつでね、６９８００円の税別。アナタ弁償」

「そそそ、そんな」

Ｔｏｍｙはへなへなとその場に座り込んだ。私の家に居候しているＴｏｍｙは私に借金がある。どうやら借金を返さないと、自分の世界に帰れないらしいのだ。というわけでまたＴｏｍｙの借金が増えてしまい、こいつはますます四次元に帰れなくなるというわけである（本当はさっさと帰ってほしいのだが）。

「ところでアナタ、さっきなぜあんなところでサボっていたの。今日仕事じゃないの」

「うっさいわね。今日は一人、太陽の光の下でさんさんと輝く、満開の桜を見たくて有休とったのよ」

「へええ、何にも予定がないのに、有休ねえ」

Ｔｏｍｙが、ニヤニヤしている。弁償の件についてはもう吹っ切れたようだ。相変わらず立ち直りの早いやつである。

「何が言いたいのよ」

「アナタまた会社で気になることでもあったんでしょう。上司に叱責されたり、嫌味を言われたりしたとかで。それでなんやかんや口実を作って今日はおサボり」

うへっ。完全に心を見透かされている。

「なんだったら、相談に乗ってあげましょうか」

「じゃあ、お願いするわ」

そのときTomyの眼光が一瞬鋭くなったような気がした。

「ただし、ワンレッスン1万円です。アテクシの借金から差し引いてちょうだいね」

「うわ、そんなのずるい」

「ずるくないわよお。アテクシは早く借金を返して自分の世界に帰れる。アナタは居候のアテクシが出て行ってくれる。しかもお悩み相談もしてもらえちゃう。万事うまくいくってやつじゃないかしらあ?」

うむ。確かにTomyの言う通りかもしれない。こいつはやることなすこと、本当にダメなのだが、さすが本業は精神科医、アドバイスだけは役に立つのである。

「わかったわよ」

「よろしい。では教室に移動しましょ」

「教室？」

嫌な予感がする。

「ほら、アテクシただアナタの家に居候しているのも悪いから、ＤＩＹしてお部屋を教室に改造しちゃったの。うふふふ、楽しみにしていてね」

「ちょっと、なに勝手なことやっているのよ」

私はダッシュで家に帰った。

カルテ
1

主訴

会社の上司にわからないことを聞くと、叱責されたり嫌味を言われたりしてしまう

私の部屋はアパートの二階。私はそのままのペースで外階段を駆け上がっていった。

「ちょっと、息が切れる、息が……。アナタそんなに慌てなくてもいいんじゃないの」

「るさいっ」

そして私とＴｏｍｙは自宅の前に着いた。いつもの私の部屋。特に違和感は……ある。ありまくりだ。

「ちょっと、玄関の扉、なんで引き戸になっているの」

ガラガラガラガラッ。

私は玄関を思い切り開けた。


引き戸を開くと、確かにそこは教室だった。小学校の頃の、あの懐かしい教室。几帳面に並んだ、木とスチールの机と椅子たち。左には大きな黒板と、古めかしい教壇。教室の向こう側、本来は壁があるはずのところには大きな窓があり、その向こうには校庭が見えている。子供たちのはしゃぐ声がどこからともなく聞こえてくる。

嘘。嘘でしょ……。

私はへなへなとその場所に座り込んだ。ショックを受けている私とは違い、Ｔｏｍｙは嬉しそうに教壇に向かった。

「さあ、みなさーん、早く着席してください。転校生の水谷楓さんを紹介します」

「はーーーい」

はーーい？

気がつくとさっきまで空だった教室の席に、見知らぬ子供たちが座っている。

「さあ、みんな仲良くしてね。水谷さんの席はあそこ！」

学校の先生になりきっているＴｏｍｙは、クラスの中央の空いている席に私を座らせた。

「さあ、水谷さんは右の佐藤さんに教科書を見せてもらってね」

わけのわからぬまま右側を見ると、見るからに意地の悪そうな女の子が座っていた。

「え――――、教科書も持ってないの？　ここ学校でしょ？　わかっているでしょ」

とてもイライラするしゃべり方をする。今私が悩んでいる異動先の部署の上司にそっくりなしゃべり方だ。私はどうしたらいいかわからず、Ｔｏｍｙの顔を見た。

すると、Ｔｏｍｙはニヤリとして指をパチンと鳴らした。その瞬間、隣の腹の立つ女の子も消え、にぎやかな教室も消え、いつもの少し薄暗いリビングに戻っていた。

「はい、今きっとアナタは、会社でこんな状況でしょ。隣の佐藤さんみたいなやつがいるんでしょ」

「え、ええそうだけど」

「そう、きっとそうだろうと思って、アテクシの力でイリュージョンを見せてあげたわ。これはアナタの悩みを思い出してもらうための前振りよ」

前振り、長。別にこんなことしなくても、思い出せる、というかずっと頭の中から離れてくれないし。おそらくＴｏｍｙの性格を考えると、私のためではなくて「こんなこともできるんだぞ」と自慢したかっただけに違いあるまい。

「あ――――、こんなこともできちゃうんだ。Ｔｏｍｙ先生、さすが。すごおおおおおいいいい」

私とＴｏｍｙはもう長い付き合いなのである。こうすればＴｏｍｙが喜ぶことはまるっとお見通しなのだ！

案の定、Ｔｏｍｙはニコニコし始めた。

「さあ、アナタの悩み、教えてちょうだいっ」

単純だ。

「いやねえ、私この4月から異動が決まったんだけどね。異動先の直属の上司が、これまた嫌な女でさ」

そう、この新しく上司になった女、伊地輪《いじわ》るり（推定25歳）。新卒からこの部署にいるらしく、年は私より3つも下。なのに、私のことをめちゃくちゃ見下してくる。何か聞こうと思っても、「え、私よりこの会社長いでしょ。」とか言うし。アホかいっ、どんなに年いってても、この部署の仕事は初めてのド初心者だよ。もちろん、そんなことは百も承知で、わざわざ嫌味でこんなこと言っているのである。

私は話すうちにさらにイライラしてきて、この「伊地輪るり」について30分近くもとうとうと話した。

「でね、こいつとうまくやっていく自信がなくて、もう会社にも行きたくないのよ」

「なるほどねー、なるほどなるほど。まあ、よくある話だねえ」

「まあね。でも、こっちはたまったもんじゃないわよお」

「ふむふむ、楓ちゃんのためには、この道具がいいかもなあ」

さっきから、なんだかTomyの話す声がいつもと違って聞こえることに私は気がついた。ちょっとしわがれて、なおかつ丸みがあり聞きやすくてやや高い声。そしていつの間にやらTomyのおなかには、半円状のポケットが。そこからTomyは何かを取り出した。

「これこれ、『どこでもノート』」

あっ、これは、未来から来た猫型ロボット的な何かだ。しかし、私がこれ以上何かに気がついてしまうと、大人の事情で危険な目に遭うかもしれず、私は考えることをやめた。

「どこでもノート?」

「うん、これはただのノートだよ。別にスマートフォンとか使ってもいいよ」

「うんうん、でもせっかくだからこのノートを使わせてもらうわ。で、どうすればいいの」

「まずね、今の話聞いていると、やっぱりこの上司本人に問題があると思うのね」

「ええええ、大アリよ」

「でもさ、何が問題なの？」

「いや、だからさっき色々話したじゃないですか」

「でも、簡単に言うと？」

………。私は回答に詰まってしまった。確かに色々あって、それを全部ぶちまけたわけだが、また同じ話をしなければいけない。そして、私はふとあることに気がついた。

「具体性がない？」

「そう、まあそういうことよ。アナタの話はよくわかるし、結構大変な上司なんだろうなということはよくわかる。でも、個人的な感情やら、業務に差し障る話やらが、色々と混じっているのよ。それじゃ対策が立てられないの」

なるほど。確かにそうだ。

「なので、今アテクシがこのノートを渡したわけ。ここに書くことやポイントは次のようなものよ」

①問題のある人にされたことと、時間を書く。
②箇条書きで、業務に影響があった行為を書く。
③②の行為により、自分の業務にどんな影響があったかを書く。

「こんな感じで、日記のようにある程度は書き溜めてちょうだい。感情的なこととか、『なんとなく言い方がきつかった』とか、主観的なことは書かない。客観的な事実だけをなるべく積み重ねていくようにするのよ」

「なるほど、でどうするの？」

「あんまり本人の対応がひどくて、業務に支障が出たらこれを元にもっと上の上司か、人事の窓口に相談する。まあ、本人に言えそうなら言ってもいいわ」

「そこまでいかない場合は？」

「そこまでいかなければ、『まあ、大したことはないか』と考えを整理できるわよね。少なくとも書き出すことで状況を整理できる。これだけでもだいぶ違うわ」

「ふむふむふむふむ」

「まあ、まずやってみなさいよ、ふふふふふ」

ふふふふふの笑い方が、やはりどこかで聞いたことあるような気がするが、まあ気にしないことにしよう。

「じゃあ、明日からでもやってみるわ」

「ねえさー、そこの新入りさー、顧客の清水さんのメールの返事ってどうなっているわけ?」

キタキタキタキタ。私のデスクは、長方形状に配置された部署の末席。一番上座のご立派な席から、いじわる女の声が飛ぶ。

「え、ええっと、清水さんのメール?」

「えっ、やってないの。困るんだけど」

困るといっても、前任者の青木さんからはそんなこと聞いていないのだ。青木さん自体は真面目でいい人そうだったが、やはり色々とやりづらかったみたいである。

「すいません。把握してなくて。どうすればよろしいでしょうか」

私はちょっと唇に力を入れながら、せいいっぱい丁寧に答えた。

「いや、困るんだよねー。新入り。君、何にもできないね。誰かに聞いたら」

「は、はい」

なんで、こんなのが上司なんだろうか。見るに見かねて、私のすぐ左隣の笠本さんが耳打ちしてくれた。

「あとで教えますすね」

「ありがとうございます」

まあ、そのあともこんな感じでいじわる女にだいぶいびられ、帰る頃にはストレスで吐きそうな気分であった。

「ただいまあああああ」

「おかえりなさい。まあ、しんどそうな顔をしているわねえ」

Ｔｏｍｙはテレビを見ながら、まだ仕舞っていないリビングのこたつの中でくつろいでいた。

「いやあ、マジでひどいわ。あの女。早速、今からレクチャー通りに記録つけるわね」

「はーい、がんばってね」

私もこたつに入り、どこでもノートを取り出す。デザインされたクマのゆるいキャラクターが私を応援しているようにも思えてくる。

今日の日付は四月十一日。とりあえず日記にしよう。私はＴｏｍｙに教えてもらった通り、今日いじわる女にやられたことを箇条書きにして、どんな支障が起きたか記してみた。

・名前を一度も呼ばず「そこの新入り」と言われ続けた。

・「君、何もできないね」とみんなの前で言われた。

・引き継ぎされていない業務について尋ねても教えてくれず、業務がすぐにできなかった。
・廊下で会ったときは必ず挨拶しているが、一度も返してくれなかった。
・私が帰る直前に、先輩の業務をやるように言って帰ってしまい、本来必要のない残業が生じた。

いやあ、色々と出てくるわ、出てくるわ。今日一日だけでこれだけのことをされたんだ。書いているだけでイライラしてきた。

「あ――――――――、むかつくううううう」

思わず私は大声をあげてしまった。

「やだ、よっぽどねえ。どれどれ、うまく書けた？」

向かいに座っているTomyがこたつ越しに私のノートをのぞく。

「あら――――、確かにこれはひどいわねえ」

「今日一日だけでこんなんよ？　私いったいどうしたらいいのよ」

「いや、むしろ好都合じゃない？」

「へっ？」

Ｔｏｍｙは右手の人差し指を左右に振り、片目でウインクした。

「だって、これは気持ちの整理＋証拠なんですからね。こんなに誰が見ても『ひどいなあ』っていう具体的な内容だと、アナタにどんどん有利になっていくってわけよ」

「なるほど、そうやって考えると、相手が嫌なことをやればやるほど、シメシメって思えるようにもなるのね」

「そうそう」

こんな感じで、私はノートを毎日更新していった。いじわる女の態度は全く変わらず、むしろ悪くなってさえいたが、彼女がやればやるほど証拠が増えていくので、以前より心を強く保てるようになった。

そして気がついたら一か月近く過ぎていた。その日も、私は家で、すっかり習慣となった「どこでもノート」を開いていた。

「どう？　ノート、だいぶ溜まってきた？」

「うん、みっちりみっちり。でもさ、確かに書いていると気持ちも整理されて落ち着いてくるんだけど、別に何か大きく改善されるわけではないし、このままでいいのかなあって感じ」

「ふふ──ん、今はこれでいいんじゃない？　慌てなくてもそのうちこれが役に立つ日が来るわよ」


Ｔｏｍｙの言う通り、突然その日は来た。ゴールデンウイーク明けの出勤日、「またいじわる女の日々かあ」と重い足取りでデスクに座るなり、私はすぐにいじわる女に声をかけられた。

「おはよう、水谷さん」

えっ？　今なんて言った、おはよう？　水谷さん？　正直、名前を呼ばれるのも、挨拶されるのも初めてじゃない？

しかし、これが何かしらの良い傾向ではないことはわかった。いじわる女の眼の奥に、邪《よこしま》なたくらみの光を感じ取ったからだ。

「あのね、今からちょっと私と一緒に部長室に行ってほしいんだ」

やはり、私の勘は確かなようだ。


部長室は、廊下の奥にある。部長は基本多忙で、こんな朝イチで誰かと会うなんてことはしないはずなのだ。私は部長室に行くまでのちょっとした道のりの間に、動悸がしてきた。

隣にいるいじわる女はいつもとは違い、天気やら何やらどうでもいいことをペラペラしゃべっている。普段は全く口をきかないくせに。私は適当に返事をしていた。

「失礼します」

「はい、どうぞ」

私が部長室の扉をノックすると、部屋の中から低くてぶっきらぼうな声がした。部長の声は普段あまり聞くことはない。前回聞いたのはいつだろうか。扉の中には部長と、おそらく人事部の中年男性が座っていた。

「すいませんねえ、これから業務開始ってときに」

「いえいえ、そんな滅相もございません」

そのあと部長は一瞬間《ま》を置き、言葉を続けた。

「あの、水谷くん。実は君の勤務態度について強いクレームがあってね」

ああ、やっぱり。私は思わず横目でいじわる女の顔を見た。彼女は、してやったりという表情をしているように見えた。


そこから一時間弱、部長はそのクレームの内容について私に話した。いわく私が全く仕事をしない、把握もしていない、周りに迷惑がかかっている。いわく私が無駄な残業をしている。いわく私がちゃんと挨拶をしない、などなど。どれもこれも言いがかりだというか、これはいじわる女のやっていることではないか。もちろん言い返すことはなかったが、ただその話を聞いているだけでもこめかみから頬にかけて熱くなってきて、自分がひどく怒っていることがわかった。

私は一通り話が落ち着いたところで、思わずこう切り出していた。

「部長をはじめ、皆様にご迷惑をおかけして申し訳ございません。ただ、私はこの件に関して、お話ししたいことがあります。申し訳ありませんが、私と部長だけでお話しする機会をいただけないでしょうか」

三秒程度の沈黙のあと、部長はぼそっと答えた。

「わかった」


結局部長と人事の男性と、その日の終業後に面談が行われた。私はもちろん、「どこでもノート」をしっかりと握りしめ部長室に入った。

「実は私、今年部署が変わってから色々と業務を行いづらいと思うことがありまして、でも何とか気持ちだけでも落ち着けようとここに書き記していました。この朝におっしゃったことは正直なところ、1つも心当たりはありません。このノートを見ていただければわかってもらえると思い、お時間を頂戴しました」

そして、私はおずおずとどこでもノートを部長に手渡した。

数日後～

「Ｔｏｍｙ～。たらいまー、らりらりら――――ん、ふふふふふ――――ん」

私はいつものように会社から帰宅した。

「あれ、もしかして、楓ちゃん良いことでもあった？」

「え、なぜわかるの？」

「いや、そりゃアテクシ名医だし。四次元世界からやってきているし」

なるほど、こう見えても名医なんだ。私は妙に納得した。

「で、何があったの？」

「それもわかるんじゃないの？」

「い、いや、アテクシ精神科医であって超能力者ではないから」

「ふふ――――ん、あのね、私、部署を異動することになりました！　あ――――、あの、いじわる女からやっと解放されるうううううう」

「おめでとうううううう！　もしかして『どこでもノート』活用したの？」

「そうよ、そう！　これもＴｏｍｙのおかげよ、ありがとう」

部長にノートを渡した数日後に、私は人事に呼び出された。そして、来月からの部署異動を伝えられたのだった。

「今まで大変だったね、会社としても気づけず申し訳ない。伊地輪さんに状況確認をしたところ、全部ではないが行きすぎた対応があったとは認めていた。厳重注意と致しました。新しい部署は君の元の部署なので、やりやすいだろう。フロアも違うから、顔を合わせることもないと思う」

「あ、ありがとうございます」


「とまあ、こんな感じで」

「あらー、本当に良かったわ。もしノートを書いてなかったら、『なんか色々あったので』とか『パワハラがあったんです』みたいな曖昧な話しかできなかったでしょ？　これだけ具体的な記述があれば、感情の問題ではなくて記録として扱われるの」

「本当にありがとうだわ」

「うんうん、でお支払いですが」

Ｔｏｍｙは自分の寝床にしている押し入れから、何やらごそごそと取り出し始めた。

「お支払い？　もうレクチャー代払ったでしょ」

「いや、成功報酬金もいただくことになっておりまして。成功報酬１万円。領収書もお書きできますが」

「は、そんなこと聞いてないし、だったら今月から家賃とるわよ」

「あ、あ――――。今の話なかったことに。ア、アテクシこれから夕飯の買い物に行ってくるわね」

Ｔｏｍｙはあたふたしながら、部屋を出ていった。


どこでもノート、Ｔｏｍｙ対策用も必要かしらねえ？

解説

嫌味を言ったり、嫌がらせをしたりする人への対策

・ある程度まではスルーしてもよいが、どんどんエスカレートしてくる場合、まずは記録をつけましょう。たとえば、何かあって誰かに相談しようと思っても、具体的な問題を指摘できないと、何も対応できないのが現実です。

最悪、お互いの感情的な問題だと判断されて

「まあ、仲良くやってくださいよ」

で終わらせられます。

そのため大切なことは、

感情の問題ではなく、相手の言動に問題がある

という証拠を作ることです。具体的には、記録です。まあ、相手の問題のある言動に対して日記を書くようなつもりで作ればよいでしょう。そのときの書き方としては、本章にもあったことを心掛けましょう。

①問題のある人にされたことと、時間を書く。
②箇条書きで、業務に影響があった行為を書く。
③②の行為により、自分の業務にどんな影響があったかを書く。

右記のような書き方が大切。「悔しかった」や「大嫌いだ」など、感情的な意見はなるべく書かず、誰がどう見ても「相手の言動が問題だね」とわかるように事実を書くのがポイントです。

これを書くだけでも気持ちが整理できますし、書く中で、「ああ、いつもどうせこういう対応されるから、これは他の人に確認したほうがいいな」などと自分なりの対策が見つかることもあるでしょう。

そして、この記録はいつか役に立ちます。相手が意地悪をすればするほど、役に立つのです。本章では、上司が楓ちゃんをつぶそうとしたタイミングで楓ちゃんがノートを持ち出していますが、別にこの記録はいつ使っても構いません。定期面談などで相談をするときに使ってもいいし、早めに「こんなことが続いて困っている」と相談に行ってもよいと思います。

実際この方法はアテクシが患者さんなどにもアドバイスをしているものです。職場にとんでもない人がいて、辛い思いをするという患者さんは結構多いのです。

カルテ1 まとめ

- 相手の言動を証拠として記録する。
- 業務に支障があった事柄を日時と共に記録する。
- 感情的なことを書かないようにする。

カルテ 2

主訴

プライベートがうまくいっていない時に、会社の後輩から幸せな話を聞くとモヤモヤしてしまう

17時半、終業のチャイムが鳴ると、私はデスクの上を片付け始めた。伊地輪との対決後、元の部署に戻された私はほぼ残業もなく過ごせている。そのタイミングでＬＩＮＥが届いた。

ＬＩＮＥの送り主は、根本英輔さん。私の自慢の彼氏である。彼は多忙で、たいてい夜遅くに電話やＬＩＮＥで連絡がある。こんな時間は珍しい。もしかして、急なデートのお誘いかしら。

私はいそいそとＬＩＮＥを開いた。

「楓、また海外出張が決まっちゃったよ（汗）　来月から一か月間、今度はインドネシアだ」

………。嘘でしょう。二か月前も中国出張があったばかりだというのに。私は机に頭を突っ伏した。すると、パーテーションの上から、馴染みのあるキャピキャピした声が降ってきた。

「あの――、センパ――イ大丈夫ですかあ？」

向かいのデスクの棚岡南である。私は顔を上げた。

「あ――――、南ちゃん？　ううん、なんでもな――――い」

「あの、ちょっと今お話しいいですかー？」

と言いながら、棚岡はクッキーのようなものを差し出した。

「ん、何これ？」

「今日の南スペシャル、濃厚なチョコレートクッキーです。お疲れの時にいいですよう」

棚岡は、自作のお菓子を時々作ってはみんなに振る舞ってくれるのである。昔は男ウケでも狙っているのかと思って、ちょっとイラッとしていたが、そんなことは何にも考えてなく、単純にみんなにお菓子を食べてほしいという気持ちからのようである。

すすめられるがままに、口に放り込むと、一瞬カカオの香ばしい匂いが鼻に立ち上り、濃厚な甘味が口全体に広がる。そして、ややクリスピーな生地はあっという間にほろりと崩れた。

「うまい」

私は自然とそう口にしていた。本当にこの子のお菓子の腕はすごいと思う。

「ありがとうございますう」

「んで、話って？」

「実は私、結婚式を挙げることになりまして、先輩もぜひ来てくれないかなって」

「えっ」

あれ、棚岡はもう育休から復帰したと聞いていたが。

「あの、実は私たちまだ式を挙げてなくて、ちょっとバタバタしていた時期で」

彼女は私の考えを読み透かしているように補足をした。そういえば、そのとき私は病気で休職することになり、彼女が代わりにがんばってくれたのだった。それまで男ウケ狙いの嫌な女と思っていたのだが、実は本当に素直でがんばり屋の素敵な子だった。私の仕事のカバーで結婚式を挙げられなかったのかもしれない。

「そうだったんだ。もちろん、行くよ。盛大にお祝いさせて」

「ありがとうございます！　招待状、お送りさせていただきますね」
棚岡はころころっと笑った。

会社からの帰り道、私はぼんやりと考え事をしていた。棚岡はとても幸せそう。そして、彼女は充分その資格のある素晴らしい後輩だと思う。一方で私はどうなんだろう。英輔さんは、かっこよくて、優秀で、とても優しくて、私は心から愛しているし、誇りに思っている。私には、もったいない相手だと思う。でも彼は忙しいし、私と会えるタイミングがなかなかない。もう付き合って一年ぐらいになるが、進展するどころか、むしろ疎遠になってきている気すらする。いつしか私はうつむき加減になって歩いていた。

カーン。

いて。電柱にでもぶつかったのだろうか。

「ちょっと、誰かと思ったら楓ちゃんじゃないの」

顔を上げたらＴｏｍｙだった。

「えっ、Ｔｏｍｙ」

「いや、ちょっとそこのコンビニまでね。ファモマの新作スイーツが美味《おい》しいっていうから買いに来ていたのよ」

いや、なぜここにいるのかはどうでもよかった。それより私が気になったのは。


金属の感触。

ぶつかったときにカーンと音がした。確かに音がした。もしかしてＴｏｍｙはロボ……。


「えっ、何？　金を返してないアナタがスイーツなんか食べるなって？　それぐらいいいじゃないのよ」

「いや、別にそんなこと思ってないわよ。考え事をしていただけ」

まあ、この疑惑について今は考えるのをやめておこう（どうでもいいし）。

「へえ、また聞いてあげましょうか」

「うーん、お願いしたいわあ」

「いいわよ。レクチャー代1万円ね」

「はいはい」

私はＴｏｍｙと並びながら、夕焼けの中で帰路についた。私とＴｏｍｙの影が長く道路に伸びていた。

「さて、今日は何で困っているの？」

「ん、後輩の南ちゃんが今度結婚式を挙げるんだって。それで誘ってくれて」

「あらーいいじゃないの。大事な後輩でしょ」

「まあ、それはいいんだけど、私さ、最近英輔さんとなかなか会えてないでしょ。ちゃんとこの先進展するのかなーと思って、モヤモヤしちゃったのよね」

「ふむふむ」

「んで色々考えていたら、『なんかそういう話をするんだったら、今の私の事情とかも考えてほしいな』『これ、マウンティングなのかな』とかネガティブになっちゃって。こんなとき、どうしたらいいのかしら」

「うーん、そうねえ。うーんうーんうーん」

Ｔｏｍｙは腕組みをしながら部屋の中をウロウロと歩き出した。そして、突然ピタリと止まった。

「これだ！　カンガエ杉」

そう言いながら、Ｔｏｍｙは盆栽のような小さな鉢植えを、おなかのポケットから取り出した。

あれ、ポケット？　こんなものついていましたっけ？？？

「何、これ」

「これね、四次元の世界から持ってきたひみつ道具、カンガエ杉だよ」

「カンガエ杉？」

「この鉢植えの底にボタンがあるのよ。ちょっと押してみて」

私は怪しみながら、そろりと押した。

その瞬間。

「カンガエスギ、カンガエスギ」

小さな鉢植えから、録音テープのような声がした。私は次に何が起きるのか身構えて待っていた。しかし、何も起きなかった。私はもう一度ボタンを押した。

「カンガエスギ、カンガエスギ」

「どう？」

ドヤ顔でＴｏｍｙが聞いてくる。

「どうって、まさかこれだけ？」

「そうよ、ボタンを押すとこんなふうにしゃべる。すごいでしょう？　さすが22世紀って感じでしょう？」

マジで言っているのか、自虐的に言っているのか。

「で、これが？」

「うん、これはね。とても大切な機能なのよ。こんなふうに、誰かの発言が気になったらボタンを押す。するとハッと気がつく。それは考えすぎかもしれないと」

「考えすぎ？」

やっと本題に入ってくれそうである。

「そうよ、人間って相手の言動の裏を読みすぎることがあるのよ。特にモヤモヤしているときなんてそうよ。大した意味はないのに、クヨクヨ、モヤモヤ考えてしまう」

「ふむふむ」

「でもね、後から考えて『考えすぎだったなあ』って思っても、そのときはそう思えなかったりするのよね。そこで、この四次元から来た、カンガエ杉の出番なのよ。他人の言動にモヤモヤしたら、すかさずボタンを押す」

「カンガエスギ、カンガエスギ」

「すると、『ハッ、ただの考えすぎかも』と思い直せるようになるというわけ」

私は重大な事実を発見し、Ｔｏｍｙに報告することにした。

「つまり『他人の言動にモヤモヤしたら、考えすぎかもしれない。それに気がつきましょう』ってことでしょ」

「あ、うう、うん」

「だったら、そう教えてくれればいいいんじゃない。四次元からこんなオモチャ持ってこなくてもいいんじゃない？」

「うううううううう」

Ｔｏｍｙがちょっとスネそうだったので、私は流してあげることにした。

「で、私も考えすぎってこと？」

「そうよ。『棚岡さんがもうちょっと私の状況に気を使ってくれたらいいのに』ってさっき言っていたじゃない？　でもさ、棚岡さんにしてみたら、ただ結婚式にアナタを誘っただけでしょ。それはむしろ好意じゃない？」

「うんうん」

「何もモヤモヤすることはないでしょ。だから他人の言動にモヤモヤしたら反射的に『考えすぎ』って思い直してみましょうってことね。この反射的にというのがポイントなのよ」

「なるほど。でも別にこの鉢植えいらないわ。だから、レクチャー代、5000円にしていただけます？」

「えええっ」

「うーん、最近あれこれ物価高できついのよねえ、家賃いただかなきゃいけないかしらねえ」

Ｔｏｍｙはガクッとうなだれた。

「5000円でいいです」

勝った。


翌日、始業前にスマホをチェックすると、英輔さんからＬＩＮＥが来ていた。たいてい夜遅くにＬＩＮＥが来るので、私はちょっと不安に思いながら画面を開いた。

「楓へ。グッドニュース。仲の良い違う部署の部下に『また出張で、なかなかフィアンセと会う時間がとれないんですよ～』なんて話していたら、なんと来月の出張が無くなりました！　今日、久しぶりにごはんでも行こう」

えええええええ、めっちゃ嬉しい、というか。フィアンセ！　フィアンセ！　フィアンセって私のこと！　もうやだ、フィアンセなんてえええええ。えへへへへへへ。

「あれっ、先輩口元が緩んでいますよう」

よっぽど顔に気持ちが表れていたのか、棚岡が話しかけてきた。

「わかるうううう？　実はね、私のと――――ってもかっこいい自慢の英輔さんからLINEが来てね……」

そのあと上司に叱られるまで、私は自分の幸せを棚岡にしゃべり続けた。

解説

他人の言動にモヤモヤすることって結構ありますよね。でもそのほとんどには意味はないのです。わざわざ相手への何らかのメッセージを込めた言動をする人なんてあまりいませんからね。たいていは気にしすぎ。偶然だったり、何も考えていなかったりする言動を深読みしすぎているにすぎないのです。

しかし、それが他人のことなら「それは気にしすぎでしょ」と即答するような出来事でも、いざ自分のことになるとなかなかそう思えない。クヨクヨと何度も考え直したりしてしまうわけです。そして何度も考えているうちに、よりネガティブになっていくことが多いのです。

なぜなら、そんなふうに相手の言動にモヤモヤしてしまう人は、もともと物事をネガティブにとらえる傾向があるからです。「気にしすぎ」なんて冷静にとらえられる人は、そもそもモヤモヤしないのです。

そして何度もモヤモヤを反すうしているうちに、「あのときの表情は結構冷たかったよな」とか「ちょっと勝ち誇っていたよな」とかどんどんネガティブな情報を勝手に追加してしまうのです。実は自分が思うより記憶は薄れたり、変容したりしていきます。アナタがネガティブにとらえていればいるほど、よりそのときの言動がネガティブなものに思えていくのです。

こんなとき、間髪いれず「考えすぎかもしれない」と思うことが大切です。いや、「考えすぎだ」と思って大丈夫です。もし相手がアナタに何か伝えたいことがあるのなら、いずれ何らかの形で伝えるはずだからです。そうしないと相手は困ってしまうわけですから。もしモヤモヤしたとしても、明白なメッセージ以外は存在しないと思って対応すべきです。相手の言動が本当に悪意のある可能性より、アナタが深読みしすぎである確率のほうがずっと高いのです。

カルテ2 まとめ

●言葉の裏を深読みしようとしない。

●ネガティブな感情が湧いてきたら、考えすぎと思おう!

カルテ
3

主訴

会社の人に
親切にしたけれど、
自分が困っている時には
助けてくれなかったのが
モヤモヤする

「あのね、ちょっと急で悪いんだけど、明日京都に行ってくれないかな」

マジか。

突然、葛城課長に呼び出され、嫌な予感はしていたのだが、的中してしまった。本当は明日の夜は、英輔さんが早く帰宅できそうというので、「久しぶりにレイトショーでも見ようね」なんて言っていたのだが、それは実現が難しそうだ。

うちの会社は京都にも支社があり、月に一度、誰かが出張に行かなければならない。本社からの指示を伝え、支社からの要望などを取りまとめる仕事だ。京都に行くといっても、移動と業務だけで時間はいっぱいいっぱいだ。ついでに観光できるわけでもなく、みんながやりたがらない出張である。一応葛城課長が平等に割り振ることになっているが、誰かと交代してもよい。

ああ、明日行こうと思っていた『マンション・インポッシブル』、もう上映が終わっちゃうんだよなあ。久しぶりの映画デートだったんだよなあ。すっかり行く気でいたところで、直前に水を差されたのが本当に悔しい。

ん？　そういえば。

英輔さんに明日行けなくなったとLINEを送ろうとしたときに、私はふと思い出した。確か、三か月ぐらい前のことだ。

「あのねえ、楓ちゃん、ちょっとお願いがあるんだけどさあ」

今井宗徳《むねのり》先輩は一年上で、普段から親しくしているわけでもない。なのに私のことを楓ちゃんと呼ぶ。そして、たいていは向こうからお願い事があるときだけ話しかけてくるのである。

「何でしょう？　先輩」

「あのさ、明日俺、京都出張なんだけどさ、代わってくれると嬉しいんだよなあ」

本当は、理由ぐらい教えてほしいなと思ったのだが、先輩の要望には応えるものかなと思い、私は二つ返事でＯＫした。そのあと今井先輩は「めっちゃ助かるよ」「ありがとう」などと何度も言っていた。

今井先輩に交代してもらえないか聞いてみよう。三か月前に代わったから、もしかしたら代わってくれるかもしれない。


私は、いそいそと今井先輩のデスクに向かった。

「今井先輩。あのちょっとお時間いいですか？」

今井先輩は、暇そうにあくびをしていた。

「ん、楓ちゃん。珍しいね、楓ちゃんから来てくれるなんて」

「あのー、ちょっとお願いがあって。実は明日京都に行ってほしいと課長に言われたんですけど……」

「んーーー、お疲れさまだねえ。京都って地味にしんどいよね」

「ちょっと予定が入っていて、もしよかったら交代していただけないかなあと思いまして……」

「あー、明日は無理だね」

今井先輩は予定表を確認もせず、ちょっと考えるふりすらもなく、ほぼ即答だった。

「……あ、はい。すいません、無理を言ってしまって」

「いえいえいえいえ、まあ、また何かあったら」

私はすごすごと自分のデスクに戻った。あまりにも素っ気なく、明らかに「そんなお願いはもうしてくるなよ」というオーラが全開であった。

結局私は、英輔さんに明日行けなくなったというＬＩＮＥをしてから帰宅した。

家に着くと、玄関から何やら怪しげな匂いが漂ってきていた。おそらくは食べ物の匂いなのだが、そこに薬のようなケミカルな匂いも混じって、美味しそうとも、まずそうとも判断ができない匂いである。

リビングに入ると案の定Ｔｏｍｙが何らかの料理を作っていた。

「おかえり。ちょっと遅かったわね」

「なんか帰り際に出張を頼まれちゃってさ。明日英輔さんと映画に行こうかと思っていたから、先輩に頼んでみたんだけど即答で断られたわ。急だし仕方ないとは思うんだけどさ、イライラするー」

「まあ、また何か相談したそうな雰囲気ね。まずは食事でもしましょう」

「そうね。なんともいえないすごい匂いが漂ってるけど……、今日は何を作ったの？」

「Ｔｏｍｙスペシャル。まあ、創作シチューみたいな感じ？」

そしてＴｏｍｙは手際よく料理をテーブルに並べ始めた。恐ろしいことに右側は緑色、左側は紫色の得体の知れないシチュー？　の合いがけである。

「これ、何が入っているの？」

「秘密。まあ、食べてごらんなさい」

私は食べたくなかったが、意を決しておずおずと口にした。あれ、意外と悪くない。というか美味しいかもしれない。表現しようもない味なのは確かだが、なんだかやみつきになる。空腹もあって、私はあっという間にＴｏｍｙスペシャルをたいらげた。

「あら、なんやかんや言ってあっという間に食べてくれたわねえ、味はどう？」

「結構美味しかったわ」

私は素直に答えてしまった。

「で、次にデザートがあるのよ」

不敵な笑みを浮かべながら、Ｔｏｍｙは冷蔵庫から何かを取り出した。

「あら、美味しそう！」

一目見て、思わず私は口に出してしまっていた。パフェの容器のようなものの中に幾重にもクリームやゼリー、ムースなどの層が積み重なっている。一番上には生クリームがトッピングされて、きれいにカットされた果物が並べられていた。

「ぜひ、どうぞお食べなさい」

「じゃあ、遠慮なく」

スプーンですくって一口。口の中にいっぱいの………。

あれ、美味しくないぞ。

甘味がない。香りもない。どちらかといえば結構まずい。

「どう？」

Ｔｏｍｙが追い打ちをかけるように聞いてくる。

「え、えっと、まあまあね」

「いや、それ相当まずいはずよ。アナタに食べてもらったのはね、四次元からお取り寄せした『期待するとまずいぞ』セット」

……何それ。

「四次元世界はね、技術の進歩がすごすぎて、人々が色々な『期待』をするようになったのよ。次はもっとすごいことができるに違いない。次の製品はもっとヤバいはずだ。今度流行《はや》るのは、もっと美味しい食べ物だとか」

「はあ……」

「でも、技術の進歩なんて限界があるから、そんなにすごいものは世の中に出てこなくなったのよね。そうしたら、みんながひどくがっかりするようになった」

「ほお」

この話、どこにつながるんだ？

「というわけで、人々に期待をさせないトレーニング用のパーティー料理セットが発売されたのね。ジョブネット高橋で1セット3980円のところ今日は特別に3セットで同じ値段とかいうから」

四次元にも通販ってあったのね。

「で、これは見た目がイマイチだけど意外と美味しいシチューと、見た目が美味しそうだけどまずいデザートのセットになっていて、『期待しないと意外と美味しいけど、期待すると余計にまずいよね』っていうことが体感できるようになっています」

なんじゃそれ。

「ねえ、わざわざこんなもん食べなくても『期待しすぎるとがっかりするよ』って言えばよくない？」

「う、だってなんかジョブネット高橋のお話しを聞いていたらほしくなっちゃったんですもの。で、今日も何かレクチャーしてあげよっか？」

「いや、レクチャーいいや。どうせ『先輩に期待するからいけない』とかそんな話でしょ」

「う、うん」

「自分でもわかったから、もう大丈夫でーす」

「そう。でも料理代は借金から差し引いてちょうだいね。一人分２０００円」

へっ、ちゃっかりしてやがるぜ。

解説

まあ、今回はズバリ他人に期待するからモヤモヤしますよというお話なのですが、もうちょっと解説で突っ込んでいこうと思います。今回のお話は実はアテクシの実体験がベースになっています。医者には当直という業務がありまして、これをみんなでシェアして回すことになっています。アテクシがうら若き一年目の医者だった頃、ちょうど1つ上の先輩から「明日悪いけど当直代わってくれないか」と頼まれまして、「先輩の言うことは聞くべきなんだろう」と思っていたアテクシは二つ返事でOKしたんですね。

そして翌月、当直の日にちょうど大事な予定が入りそうだったので、その先輩に聞いてみたところ今度は何も考えるそぶりを見せずに「無理だね」って断られてしまいました。楓ちゃんと全く同じです。そのときにアテクシは学びました。「急なお願い事をしてくる人に好意で応えても全く報われないな」と。それからもその先輩から同じようなお願い事がありましたが、その後は全部断りました。そうしたらそのうち何も頼みに来なくなりました。

それで何か支障があったかというと、先輩もダメ元で誰彼構わず聞いているような感じだったこともあり、全く問題はありませんでした。そこで学んだのは、他人に期待しないことです。期待しないで取り組んだほうが物事はうまくいく。さらにいうならば、

価値観の共有は期待してはいけない

ということです。たとえば今回のケースだと「ギブアンドテイクの精神」です。楓ちゃんもアテクシも、「人は誰もお互いさまで、ギブアンドテイクの精神を持っている」と期待したところから始まっています。ギブアンドテイクは常識ではなく、人によっては誰かが何とかしてくれるのが当たり前というテイカーな人もいます。相手がどんな価値観かということは期待すべきではない。

さらにいえばある程度相手のことがわかっていて、共有できる価値観が多い人がいたらその人となるべく接触するようにするのがいいで

しょう。いわゆる「価値観の合う、疲れない人」です。しかしその場合でも「価値観が異なる場面」というのは必ず出てきます。どんな相手でも期待しすぎないことが大切です。

また、相手の価値観に期待をしない以上、誰かに好意を渡すならあげたつもりで渡しましょう。それが嫌な相手なら渡さなくてもよいということです。

カルテ3 まとめ

●急なお願いをする人に好意で応えても、報われない。

●価値観の共有は期待してはいけない。

カルテ 4

主訴

恋人の誕生日に盛大なサプライズパーティーを開いたのに、自分の時にはプレゼントしかもらえなかった

その日、私は飛び上がるようにベッドから起きると、勢いよくカーテンを開けた。開ける前からもれる日差しが既に示していたように、まぶしすぎるほどの快晴だった。

「ん――――ん、今日の地球さんおはよ――――」

私は背伸びをしながら、快活に叫んだ。そして押し入れの戸を勢いよく開け「Ｔｏｍｙもおはよう――」と大声で挨拶をした。

「ちょっと、まだ眠いんですけど」

「こんないい天気なのに、お寝坊はもったいないわよ――」

「なんか、今日はテンション高すぎじゃない？」

それもそのはず、今日は私の誕生日なのである。そして仕事の後で英輔さんと会うことになっている。

「まあね、あと今日は私遅くなるけどよろしくね」

「ああ、そういえば誕生日だったわね。29歳おめでとう！」

「ありがとう、てか勝手に1歳カサ増しするのやめてくれない？　28歳よ」

などと、Ｔｏｍｙとたわいもない話をしながら朝の支度をする。

「ではいってきまーす」

私は元気よく玄関の扉を開けた。


「ただいまあ」

夜の9時過ぎ、私は力なく玄関の扉を閉めた。Ｔｏｍｙはリビングで寝転がりながらテレビを見ていた。うるさいぐらいの大声でゲラゲラ笑っている。いつもなら「うるさい」と怒ったりもするのだが、今はそんな気力もなかった。

「あら、意外と早かったわね。『月曜から残業』ってやっぱり面白いわねえ。マツタケ・デラックスが……」

「そうね、面白い番組よね。今日は私早く寝るからよろしくね」

「あれ、楓ちゃんえらく元気がないけれど。何かあった？」

やっとＴｏｍｙが私の異変に気がついたようだ。

「いや、別に何も。普通にいつもの『札幌カニ本物』に連れて行ってくれて、普通におめでとうって言ってくれて、プレゼントもくれて嬉しかったんだけどさ」

「じゃあ何も問題ないじゃないの」

「うん、だけどね。実は私、前回英輔さんの誕生日のお祝い、めちゃくちゃがんばったのよ」

私はＴｏｍｙにぽつりぽつりと話し始めた。

そう、あれは三か月ちょい前、英輔さんのバースデーの日。実は私は柄にもなくサプライズパーティーにチャレンジしたのだ。共通の友人たちに連絡し、日程を合わせ、盛大にお祝いした。英輔さんも、ちょっと泣いちゃうぐらい喜んでいて、本当にありがとうってこっちが恐縮するぐらい何度も言ってくれた。

「だから、今回わりと普通だなーと思っちゃって。英輔さんのテンションもそんなに高くなかったしさ。なんかマンネリなのかな？　とか、私が思うほど英輔さんからは思われてないのかな？　とか考えていたらちょっと疲れちゃって。そしてそんな面倒な自分にさらに落ち込んじゃって」

「あらあ。朝あんなにはりきって出て行ったのにねえ。実は小さいけどケーキ買ってあるの。紅茶でも入れて一緒に食べない？」

「あ、ありがとう」

ケーキは3人分ぐらいもあったが、疲れていたせいかペロリと食べてしまった。シンプルなショートケーキだが、とても美味しかった。

「あーーー、なんかちょっと元気が出た。Ｔｏｍｙありがとうね」

「いえいえ、なんだかまだ元気なさそうだから、レクチャーしてあげようか。今回は誕生日なので、半額の５０００円で」

「いや、そこはタダにするところだろ!!」

「仕方ないわねえ。ト・ク・ベ・ツよ」

そしてＴｏｍｙはおなかのポケットからまた何かをごそごそ取り出した。いつも不思議に思うのだが、こういう時だけおなかにポケットが現れるのはどういうわけだろうか。

「あったあった。これ、お気持ちコンタクトー」

Ｔｏｍｙは、使い捨てコンタクトレンズのようなものを取り出した。

「お気持ちコンタクト？　どうせまたショボい道具でしょ」

「失礼な。これは本当に、すごい道具なのよ。とりあえず着けてみなさい」

私は、おそるおそる装着した。コンタクトを着けるのは、大学生時代にカラコンを着けたとき以来である。

「別に普通の度が入っていないコンタクトよね」

「ふふふふふ、そうかしら？　その状態でアテクシの目を見てごらん」

Ｔｏｍｙのまつげの長い、潤んだ瞳。改めて眺めてみると、ちょっと落ち着かない。別に何も……んっ？

Ｔｏｍｙの顔の周りに髪の毛のような、モジャモジャしたものが浮いて見える。いや、これは髪じゃない。文字だ。Ｔｏｍｙの顔の周りに文字が浮かんで見えるのだ。

アラ　ハナゲガ　デテルワ
やだっ。私は慌てて、洗面台に移動した。鏡を見ると左の鼻から確かにチョロリと出ていた。私は即整えた。

「ふふふふふ、このコンタクトを着けて相手の目を見るとね、相手のお気持ちが見えるようになるのよ」

後ろから追いかけてきたTomyが、不敵な笑みを浮かべて得意気に言った。

「こ、これは確かにすごい道具だわ。で、これをどう使うの」

「今度英輔さんに会うときに、これを着けてみて」

次に会うのは土曜日の夜だ。これを着けると英輔さんの気持ちが見える。でも、それって……。

「英輔さんの気持ちが見えてしまうのよね」

「そうよ」

「でもそれって、ちょっと怖いな」

「大丈夫。あの人なら、大丈夫」

Tomyはにっこり笑って、私の右肩を叩いた。

土曜日は、私が英輔さんの家に行って、お手製のオムライスを作ることになっていた。私は決して料理が得意なほうではないが、英輔さんはいつもほめてくれる。

「さあ、できたよ。そんなに大失敗はしてないと思うけどな」

私はドキドキしながらオムライスを運んだ。

「いや、いつも楓の作る料理は最高に美味しいよ」

そうやってニコニコする英輔さんの顔。本当にかわいらしいと思う。ハッ、うっかり英輔さんの目を見てしまった。今日はＴｏｍｙのお気持ちコンタクトを着けているから、目を合わせないようにしていたのに。

オレ　サイコウニ　シアワセ

英輔さんの顔の周りに、モジャモジャと浮かんだ文字。それにはこう書いてあった。

「英輔さん………」

「ん？　どうしたの楓？」

「いや、なんでもない」

その日の私は最高のコンディションでいつもより美味しいオムライスを作れた。もちろん、英輔さんの心の声もずっと大絶賛だった。そして、私は確信することができた。「私は英輔さんにちゃんと愛されている」と。

翌日の夜遅く、私は帰宅した。

「おかえり、とっても楽しく過ごせたんじゃないの？」

おそらく寝起きだったＴｏｍｙは、ぼさぼさの髪をボリボリとかきながら玄関まで出てきた。

「あら、よくわかったわね」

「アナタ、楽しくないとさっさと帰ってくるし、愚痴のＬＩＮＥもしてくるでしょ。今回はこんなに遅く帰ってくるし、ＬＩＮＥも全然送ってこなかったし」

「さすが名医だわー」

「あとさ、お気持ちコンタクト、返してくれる？」

「え」

それは困る。とっても困る。今回英輔さんとのデートが充実していたのは、お気持ちコンタクトのおかげだと言ってもいいぐらいなのだ。英輔さんの気持ちが丸見えだから「本当は、今楽しくないんじゃないかな？」「お世辞じゃないかな？」「私といて疲れないのかな」などと余計なことを考えずに済んだからだ。

「あの、あのさ。もうちょっと貸してくれないかな」

Ｔｏｍｙは首を大きく横に振った。

「いや、あれはレンタル品なのよ。もう返さないといけないの」

「えっ、私買い取りたいんだけど……」

「四次元銀行使えば、今の日本円で買うこともできるけど、30億円ぐらいになるわよ」

30億円………。

「む、無理だあああ」

「でしょ。アナタがお気持ちコンタクト返したくない理由はわかっているわよ。英輔さんの気持ちがはっきり見えるから、安心できたのよね」

「うん」

「でも、私が今回これをアナタに渡したのは、『人の気持ちが丸見えになって安心してもらう』ためじゃないのよ。だから返してね」

「え、じゃあ、何のためにお気持ちコンタクト渡してくれたの？」

「アナタがなぜ、英輔さんの誕生日祝いにガッカリしたのかわかってもらうためよ」

そうだ。このコンタクトをＴｏｍｙが渡してくれたのは、そもそもその件がきっかけだった。

「で、どう？　あの誕生日祝いのこと、まだモヤモヤする？」

「そういえば、もう何も気にしてないわ」

「ふふふ、そうでしょうね。なぜそうなったのか、わかる？」

そう。私は英輔さんにサプライズパーティーをしたのに、英輔さんはそこま

でしてくれなかった。だから最初モヤモヤしていたんだっけ。で、Ｔｏｍｙが
このお気持ちコンタクトを貸してくれたら、英輔さんの本音が見えた。それで
……。
「あっ、英輔さんがちゃんと私のことを大事に思っているのがわかったからだ」
「ピンポン、その通り。同じようにサプライズパーティーをしてくれなかった
のが問題じゃないのよ。楓ちゃんはそこから『あまり大事にされていないので
は』と勘繰りを入れてしまった。それがモヤモヤの原因なのよ。それに気がつ
いてもらうために、お気持ちコンタクトを渡したわけ」
なるほど。私は平等じゃないと感じていたからモヤモヤしていたと思ってい
たけど、本当は愛されている自信がなかったということか。
「でも、もうお気持ちコンタクト返しちゃったし、これからまた同じようなこ
と起きないかな……」
「そうね、不安になることもあるかもしれない。でもね、まず英輔さんのこと
を好きならば、信じてあげることが大切よ」

「信じること……？」

「そう、英輔さんも忙しかったり色々あったりして、アナタの期待するようには動けないこともある。でも、そもそもアナタのことを大事にしていなければ、会うこともしないだろうし、誕生日祝いをする時間も作ってくれないわよ。私はいつもの英輔さんのアナタへの態度を見て、絶対大丈夫だってわかっていたから、お気持ちコンタクトを渡したの」

「そっか」

もうお気持ちコンタクトは使えないけれど、私は英輔さんを、私たちの愛を信じよう。私はそう誓った。

解説

今回は、ある程度親しい関係性の中で、自分がやったことと相手がしてくれたことを比較してモヤモヤしちゃうパターンについてのお話です。これをアテクシは「平等病」と名付けています。

理想的な人間関係はギブアンドテイクなのは確かなのですが、それは「平等かどうか」を先に気にする関係ではありません。あるがままで、ギブアンドテイクになっていれば理想的だねというお話です。先に「平等かどうか」目を光らせていては、自分もストレスですし、相手もストレスです。

結果としてギブアンドテイクができておらず、心地よくない関係性であれば袂《たもと》を分かてばいいのです。相手に強要することではありません。

ところが時にこの「平等病」に陥ることがあります。そしてそれはたいていある程度親しい間柄で起きます。なぜこんなことが起きるのでしょう。

それは関係性が親密になると、自然と相手に期待してしまうからです。よくわからない人に対して何も期待しないのは普通かもしれませんが、よく知っている人に対して期待しないのは難しい。

それは親しくなっていく段階で、相手に対して「このぐらいならば、してくれるはずだ」というラインがおのずと上がってくるからです。だからこそ親しくなるとも言えます。そういった意味では当然ではあるのですが、問題はどんどんこの期待値が上がってくることです。「この人ならこれぐらいのことはしてくれるはず」と思うようになるのです。そしてその通りになった瞬間、それが当たり前になります。さらに次はもっと高い期待を抱くようになるのです。

どんどん相手への期待値が上がっているときに、さらに気をつけるべきポイントがあります。それは、「自分の視野が狭くなっている」ということです。この章で楓ちゃんは「自分がサプライズパーティーをしたのだから、相手も同じぐらいのことをしてくれるはずだ」という期待をしていました。そしてそれがかなわなかったので「大事にされていないのでは」と勝手に思ってしまったわけです。

しかし、相手は忙しくて全く余裕がない中、がんばってプランを考えたのかもしれません。あるいはサプライズパーティーをしてもらったのに、同じプランを用意するのは喜ばないかもしれないと思ったのかもしれません。楓ちゃんがサプライズパーティーを好まないかもと思ったのかもしれません。色々な可能性がある中で、「私のことを大事にしていないかもしれない」という可能性だけを考えてしまっているわけです。これは間違いなく視野が狭くなっています。

このように相手への期待値を上げることで視野が狭くなり、相手への想像力が欠如してしまうのです。だからアテクシは相手の気持ちが見える道具を取り出したのです。相手の気持ちを想像してもらうために。

そして相手が親しければ親しいほど、期待値が上がりやすくなり、モヤモヤもしやすくなります。しかしそれは多くの場合、自分の想像力の欠如や視野の狭さが原因です。ここまで親しくなれたという実績がある相手です。信用して、細かいことを考えないように意識しましょう。

カルテ4 まとめ

- 人間関係に「平等かどうか」を求めてはいけない。
- 相手への期待値を上げてはいけない。

カルテ
5

主訴

会社の部下に、仕事のためになりそうな勉強会を紹介したらスルーされてしまった

「このたび新しく配属された、只野《ただの》ひとみです。皆さんよろしくお願いします！」

彼女はそう言ってピョコリと頭を下げた。勢いのあるぜんまいじかけのおもちゃのような仕草が、まさに若者という感じだ。「私もこんなときがあったよなあ」としみじみ思う。

「というわけで、彼女の指導を水谷くん、君にやってもらおうと思う」

彼女を引き連れてきた高橋課長は、くるりと私のほうに体を向けて言った。

えっ、私なの？

「水谷先輩、よろしくお願いします！」

「あ、はいこちらこそよろしくね」

というわけで、私は初めて直属の部下ができた。この妙にキャピキャピした、若くて元気なZ世代（私はギリギリZ世代アウト）、只野ひとみである。

「というわけでさあ、直属の部下ができたのはいいんだけどさあ」

その日、帰宅すると、私は早速話題のスタバのメロンフラペチーノをすすりながら、Ｔｏｍｙに愚痴っていた。

「いつも思うんだけどさ、アナタ文句を言うの早くない？」

「うっさいわね。でも、あの子全然つかみどころがないんだもん。この先やっていけるか超不安よ」

「向こうも『こんな年増の先輩とやっていけるかしら』なんて今ごろ言っているんじゃないの」

「あ――――、そういうこと言うんだあ――――。Ｔｏｍｙのフラペチーノもあるけどあーげない」

「あっ、今のセリフキャンセル、キャンセル。んで、どうやりづらいの」

私は袋からもう1つフラペチーノを取り出してＴｏｍｙに渡した。

「いやさ、色々教えてんのよ。で、今日早速勉強会の日でね、自主的にやっている会計の勉強会なんだけど、うちの部署だと参加したほうがいいから案内したわけよ」

「うんうん」

「そうしたら、きょとんとなって『あ――――、また考えておきますうう』って言ってそのまま帰っちゃったの」

「まあ、勉強会は強制じゃないもんねえ」

「でもさあ、初日よ？　新人よ？　いきなり直属の上司から言われた勉強会を断るかっちゅうの」

そのあとも私はブーブー文句を言い続けた。こういうことは一度言い出すといくらでも言葉が出てくるのだ。

「はあ、しょうがないわねえ。またレクチャーしてあげようか」

「また1万円？」

「一週間フラペチーノ買ってくれるのなら、8000円でいいわよ」

「じゃあ、お願いするわ」

ん？　私は一瞬何か大切なことを忘れているような気がしたが、承諾した。

「まいどあり〜、ん――――、今日の道具はこれかな？」

Ｔｏｍｙがポケットの中から何かを取り出した。

「人生ナビゲーション！」

Ｔｏｍｙが取り出したのは、スマホのような小さな端末である。

「何これ。スマホじゃないわよね」

「これはですねえ、とりあえず常に持ち歩く。そして何かに困ったら、この画面を開く。そうすると、どうすればいいのかを指示してくれるのよ」

Ｔｏｍｙから手渡された人生ナビを、私はよく観察してみた。大して重くもなく、まあ普通のスマホのようだ。そして私はあることに気がついた。

「あれ、なんかオレンジ色に点滅しているわ」

「あっ、じゃあ何かアドバイスがあるのよ。画面開いてみて。ここがスイッチ」

私はサイドにあるボタンを押した。

「Ｔｏｍｙに支払うレクチャー代。８０００円は高いです、もう一度計算しなさい」

ん？

そういえばさっきから何かが気になっていた。きっとこれだ。フラペチーノが一杯700円。一週間毎日差し入れすると4900円。それに8000円足すと……。

12900円!!!

あ――――、やられた。普通のレクチャー代より2900円も高いじゃないのよ。

「ちょっと、Tomy。これ全然安くなってない」

「あ、あら。アテクシとしたことが。け、計算ミスね。ちゃんと清算しますぅ」

人生ナビゲーション、結構やるじゃないの。

さて、翌日、私は早速この「人生ナビゲーション」を持って出勤した。今日は何度か只野の指導を行ったが、今のところ特にボタンは点滅していない。只野のリアクションも特に気になることはなかった。しかし、最後に只野に言うべきことがあり、ここが勝負である。

「水谷先輩、今日も色々とありがとうございました。また明日よろしくお願いします」

「うんうん。こちらこそ、よろしくね。ところでさ」

「はい？」

実は今日も勉強会がある。これは部長の肝いりで、実質全員が参加している。これに只野が参加しないとなると、私がちょっと怒られるかもしれない（それも変な話だが）。

「今日も勉強会があってね」

そこまで言いかけたところ、人生ナビゲーションのボタンが点滅しているのを見つけた。私は只野に気づかれないよう、デスクの下でこっそり画面を開いた。

「只野さんの今日の仕事をほめてから、提案しなさい。あくまで提案を」

ふむふむふむ。私は少し考えてから口を開いた。

「ええっと、そういえばアナタ今日すごく覚えがよくて、とても感心しちゃった」

「はい、ありがとうございます」

やや戸惑いながらも只野は笑顔を見せていた。

「んで、今日も勉強会があるんだけど、今日アナタがちょっと困っていた計算のところ部長が解説してくれると思うわ。もしよかったら、参加してみて」

只野はちょっと考えている。ん、考えている、考えている。昨日とはリアクションが違う！

「わかりました！　私もどうしたらいいのか悩んでいたんですよ。教えていただいてありがとうございます」

おおおお、やったあああ。さすが人生ナビゲーション！

その後も只野は積極的に質問し、とても前向きに勉強会に参加している様子であった。

「というわけでさ、まあ、大成功だったわ」

「まあ、よかったじゃないの」

昨日に引き続き、二人でメロンフラペチーノをすすりながら、私は本日の顛《てん》末《まつ》をＴｏｍｙに話していた。

「でも、どうして只野さんの態度があんなに変わったんだろう」

「あら、それはアナタの言い方の問題なのよ」

「言い方？」

「本来、勉強会って強制されるものではないじゃない？」

「うんうん」

「最初多分アナタはほぼ強制で『参加しなさい』ってニュアンスで言ったでしょ」

昨日の自分の言い方をなんとか思い出してみた。確か………。

「あ――――、『これから勉強会あるから、参加してくださいね』って感じで言った気がする」

「そうしたら彼女はなんて言ってきた？」

「そうそう『強制ですか？』って言われたわ。そして『強制じゃないけど、実質そんな感じです』って答えた」

「そこよ」

いつの間にかＴｏｍｙの飲んでいたフラペチーノは空になっており、私のフラペチーノにＴｏｍｙの熱い視線が注がれていたが、私は無視することにした。

「へ、なんで」

「アナタだったら、本来は強制じゃないものを強制されたらどう思う？」

「嫌だなって思う。あ」

「そうなのよ。強制じゃないものを強制されたら、嫌だと思う。だから只野さんは断ったの。シンプルなことよ」

Ｔｏｍｙは相変わらず熱い視線を私のフラペチーノに注いでいるが、私は無視した。

「でもさあ、先輩に言われたら嫌でも参加するものじゃない？」

「それはアナタの価値観でしょ。そう思わない人もいる。只野さんは断る人ってだけなのよ」

「なるほどねえ。でも今回の道具はＴｏｍｙにしては珍しく頼りになるやつだわ。明日からもこの調子でどんどんナビゲーションしてもらおうっと」

ん、今一瞬Ｔｏｍｙがにやりとしたような気がする。

「いやー――、残念。この道具も今日までに返却しなきゃいけないのよねえ。でも、もしもう一杯フラペチーノ買ってきてくれたら、延滞手続きしてあげてもよろしくってよ」

はあ、どこまで意地汚いのよ。こいつは。しかし、フラペチーノ一杯でもうちょっと借りれるのかあ。一か月ぐらい貸してくれるんだったら考えても……。

考えを巡らせているうちに私はあることに気がついた。また人生ナビゲーションのお知らせランプが点灯している。私は画面を開いた。

「Ｔｏｍｙにフラペチーノをおごるのはやめて、私を返却しなさい。その代わり、最後に私が完璧なアドバイスをします↓ＹＥＳ／Ｎｏ」

おおお、なんだこれ。ＹＥＳかＮＯか初めて聞いてきたぞ。私は少し悩んだ結果ＹＥＳをタッチした。

「了解いたしました。**只野さんは、アナタとは価値観が違う人です。だからアナタの『当たり前』を押し付けようとするとうまくいきません。本人の良いところをほめて、仕事の指示以外はあくまで提案しなさい。本人が自由に選べるようにすると、能力を発揮できます。**それでは私はこの辺で。アディオス」

ふむふむ。なかなか粋な野郎ではないか。人生ナビゲーション、しっかり参考にさせていただくわ、ありがとう。

「んでね、次のフラペチーノはシトラストッピングでね、あとサイズもグランデがいいな………」

Ｔｏｍｙは私の様子に全く気がつくことなく、ブツブツ言っている。

「いや、いらない」

「は？」

「人生ナビゲーションもういらない。だから追加のフラペチーノは無しね」

Ｔｏｍｙは両目を大きく開けて、しばらく動きが固まった。

「そ、そんなあああ。今のは当然フラペチーノおごってもらって、アテクシが延滞してあげる話の流れじゃん」

「それはアナタの考えでしょ。私はそう思わない。強制じゃないものを強制されたら嫌。今アナタにそう教えてもらったばかりですけど」

「は、はい」

Ｔｏｍｙはシュンとうなだれた。

解説

今回は、部下を勉強会に誘ったら、あっさり断られてしまってモヤモヤするお話です。最近は急速に職場での文化が変化しつつありますよね。職場に対するジェネレーションギャップもあるようです。

たとえば飲みニケーション。ちょっと前までは職場での飲み会は頻回にあり、そこで仲良くなっていくという文化が一般的でした。しかし、飲酒をする人が減ってきていること、仕事が終わったらすぐ帰りたいと思う人が増えていること、またコロナなどの影響もあり、飲みニケーションを嫌がる人、はっきり断る人というのは増えてきていますよね。アテクシも職場での飲み会は嫌いだったので、自分が開業医になった頃は、忘年会も含め飲み会を一切無しにしたことがあります（ちなみに、何も問題はありませんでした）。

また、先輩が仕事を終わるまで帰れないという雰囲気の職場も多かったのですが、これも最近では崩れてきています。アテクシの研修医の頃は、研修医は指導医より先に帰ってはいけないという不文律があったのですが、最近はそうでもなく、定時で上がる研修医というのはそんなに珍しくありません。

このように、職場の文化が変化し、また職場に対する意識が多様化する中で、このような問題というのはどんどん起きているのではないかなと思います。ただこれは、本来は彼らのほうが理にかなっています。本来は勉強会も飲み会も、自由意志で参加するもの。決して強制ではありません。残業代が出るわけでもありません。それなのに、空気を読んで断りにくい雰囲気を作ってしまう。そのほうがよっぽどおかしいのです。おそらくこういった物事に参加しない後輩というのは、このおかしさに反対しているのです。だから断る。

楓ちゃんのように上司の立場からすればモヤモヤするのはわかりま

す。しかしこのモヤモヤは部下が原因ではないということに気づくのが一番だと思います。「モヤモヤしても仕方ないよね」でわりきれるのなら、それが一番です。なおかつ、楓ちゃん自身も参加したくないときは断ってもいいのです。

ただこの話では、人生ナビゲーションは違う提案をしています。「相手に参加させる方法」です。昔から「過去と他人は変えられない」と言われている通り、他人の行動は思い通りにはなりません。ですから期待しないのが一番です。期待すると双方にモヤモヤした気持ちが残ります。期待するほうは「なぜ思うようにならないの？」と相手にイライラし、期待されたほうはその圧力からストレスを感じます。人によっては期待されていることがわかると、反発してあえて逆の行為をする人もいるかもしれません。さらに期待がエスカレートすると強制になります。期待するほうはとうとう我慢できずに、相手を無理やり動かそうとする。期待されたほうは明らかに反発するか、抵抗する。

人間関係すらも壊れる可能性があります。

ではなぜ期待がここまでの事態になってしまうのかについて考えてみましょう。それは人間には「気持ち」があるからです。自分はこうしたいという気持ち。自分の気持ちを無視した対応や行動をされると、人は相手に敵意を覚えるのです。だから、相手への期待がもし本人にとってプラスになるようなものだったとしても、うまくいかないのです。

こういう場合は、相手の気持ちを優先した対応をするのが一番良いです。この話でいうと、「なぜ勉強会に参加するとメリットがあるのか伝えて、提案する」ことです。人生ナビゲーションはそのことを楓ちゃんに教えてくれたのです。人生ナビゲーションはさらに付け加えて、相手の良いところをほめるように言っています。これも相手の努力、気持ちを認めるということです。期待すると人は「相手が期待通りかどうか」だけに目を向け、視野が狭くなります。それを防ぐため、相手の良いところをほめるように伝えたわけです。

カルテ5 まとめ

●人には気持ちがあるから、理屈だけではうまくいかない。

●相手の気持ちを優先させるような提案をする。

カルテ
6

主訴

大学のサークルのOB会の幹事を前回行ったので、今回は別の人にお願いしたい

ピロン。

私がお風呂に入ろうとしたとき、ＬＩＮＥの着信音が鳴ったので、画面を開いた。

「お、久しぶりじゃない」

尾間加《おまか》 聖子《せいこ》、大学のサークルの後輩だ。一年前のＯＢ会以来の連絡ではないだろうか。

お久しぶりです。水谷先輩。実は来月またＯＢ会やろうという話になりまして、ご連絡いたしました。またセッティングお願いできたら嬉しいです。何でもお手伝いさせてください。

「はあああ、また私？」

思わず私は大声を出してしまった。それを聞いて押し入れからＴｏｍｙが顔をのぞかせた。

「ちょっとおお、静かにしてよ。アテクシこれから寝ようと思っているんだから」

「あら、ごめんなさい。ちょっとイラっとしたもので。ていうかまだ9時よ。寝るのは早くない？」

「乙女はお肌のために早寝するのよ。で、何をイライラしているの。レクチャーしてあげようか」

こいつまた金を稼ぐ気か。

「もうそんなにお金ないわよ」

「あ、そ。あれっ、そこの鏡台にある美容クリーム、ホモホルンティンクルのじゃないの？」

「あー、それキャンペーンの抽選で当たったんだけどさ、ちょっと肌質に合わないみたいで」

「じゃあ、そのクリームでレクチャーしてあげるわよ。それプレミアものでしょ」

んーー、そういえばこいつロボット疑惑あったよな。ロボットなんだから機械油でも塗っておけばいいんじゃないのか。と思ったが、私は何も突っ込まないことにした。

「で、どう、レクチャーしてほしいの、ほしくないの？」

「あー、じゃあお願いします」

ま、いっか。

「はい、じゃあ今からやるわね。今回はどうしてイラっとしているのかしら？」

「いやさ、一年前に大学のサークルのOB会やったわけよ」

「ふむふむ」

「そのとき流れで私が幹事役やったんだけどさ、結構大変だったわけ。で、今後輩から『来月もやろうって話になったので、幹事お願いしますね』的なLINEが来て。私がやって当たり前みたいな流れでイラっとしたねんな」

「なぜ大阪弁。『前回幹事やったんで、今回は違う人でお願いできますか』でいいんじゃないの？」

「言いにくいじゃないの。ＯＢの連絡先のリストとかアタシが作っちゃったから、いちいち引き継ぐのも逆に面倒だし。かといって当たり前みたいに話ふられるとイラっとするし」

「そうねえ、じゃあ今回も22世紀から何か探してみるわ、うーん」

またＴｏｍｙのおなかに半円状の袋が突如として出現し、Ｔｏｍｙは手を入れて何かを漁《あさ》り始めた。

「うーん、これじゃない、あれでもない………。これだあああ」

ＴｏｍｙはポケットTの中から一枚の紙きれを取り出した。

「ん、何これ。紙？」

「いや、よく見なさいよ」

紙には何かが印刷されている。どこかで見たことのある黒と白のタイル模様である。

「これ、ＱＲコードみたいだけど」

「そうよ、その通りよ。スマホでこのコード読み込みなさい」

言われた通りにすると、何かのアプリをインストールする画面が現れた。

「ええと、『時間差アプリ　遅延ちゃん』これ何？」

「これをインストールするとね、スマホに時間差が設定されるのよ」

「時間差……？」

「そう、時間差。電話もＬＩＮＥもメールも、全部数日遅れで相手に返事が届くようになるのよ」

「えっ、でも緊急の返事したいときもあるでしょ」

Ｔｏｍｙは人差し指をわざとらしく左右に振った。

「チッチッチ。これは22世紀のアプリなのよ。緊急の必要性があるものは即レスできるようになる。でもそれ以外は返事のスピードを調整して、アナタにとって一番良い結果が得られるようにしてくれるわ」

「なんだかよくわからないわねえ」

「まあ、まずインストールして、普通に使ってみなさい。例の後輩へはまだ返事してないんでしょ？」

「うん、これから返事しようと思っていたところ」

「じゃあ、アプリをインストールしてから返信してみなさい」

「はあい、とりあえずやってみるわ」

　私はアプリをインストールしてみた。見たところ特にスマホに変化はなさそうだ。私はLINEを開き、尾間加に返信した。まあ、今回もイラっとはするけど私が幹事をやるかあ。

「了解です。いつぐらいにOB会やる感じかな？」

　送信っと。

　その瞬間、スマホの画面に文章が現れた。


ハーイ、遅延ちゃんです。この返信は3日と5時間43分21秒後に相手に送信されます。

「何これ、すぐ返信したいんだけどさ」

「いいのいいの、こいつに任せておきなさい」
Ｔｏｍｙは鼻をほじりながら答えた。

それから私はこのアプリをインストールしたことをすっかり忘れていた。その後は特に遅延ちゃんが発動することもなく、普通に使えていたからだ。そのうちに幹事を頼まれていたことすらいつの間にか忘れていた。

アプリのことを思い出したのは、インストールしてから3日後のことであった。私が夕食の準備をしようとしたときに、ピロンとＬＩＮＥの着信音が鳴ったのだ。尾間加からだった。
「いつもお世話になっています。先輩、先日のＯＢ会の件いかがでしょうか。よく考えてみたら、前回も水谷先輩にお願いしていたのに、大変失礼しました。今回は私がやることになりました。もしよかったらＯＢリストいただけたら嬉しいです」

そこで私は気がついた。本来は私がやりますと即レスしたかったのだが、このアプリに邪魔されてしまったのだ。なかなか返信が来ない尾間加は、私が忙しいか不機嫌になっているかもしれないと考え、このような返信をしたのだ。せっかく尾間加がやってくれるというので、私はあらがわないことにした。

「ああ、気を使わせてしまってすいません。リスト今から送りますね」

送信した瞬間、スマホに再び遅延ちゃんからのメッセージが届いた。

ハーイ、遅延ちゃんです。この返信は即座に相手に届きます。なお前回送信予定だったメッセージは、この返信に上書きされました。

上書き？　そうか確かに前回「やりますよ」というメッセージを書いた気がする。このあとで「やりますよ」というＬＩＮＥが届いたら、意味不明になってしまうものねえ。しかし、このアプリ、そこまで調整してくれるとは恐るべし。

このあとも遅延ちゃんは非常によく働いてくれた。本当はやりたくないことへの返事は微妙に遅らせる。するといつの間にか他の人がやることになっている。実は先日、他部署の男性から食事に誘われていて、私には愛しの英輔さんがいるからお断りしたかったのだが、遅延ちゃんが絶妙に機能して、いつの間にか相手から連絡が来なくなっていた。

なんやかんやで遅延ちゃんが自分にとって欠かせないなと感じ始めたある日、案の定Ｔｏｍｙからこう告げられた。

「遅延ちゃん、今日で期限切れだからよろしくね」

「あ――――、やっぱりずっと使っちゃダメなの？」

「そりゃそうよ。そんなに世の中はあまくない。でも、もう遅延ちゃんがなくても自分で解決できるんじゃない？」

「そうかしら。嫌なことでも即答でＯＫしていたから、いつも貧乏くじを引いてきたのかね」

「まあ、そういうことよね。面倒で誰もやりたがらない仕事って、なかなかやる人が見つからない状況になっていることが多いのよ。つまり、頼むほうは焦っている。そこで即答してくれる人がいると、『あー、早く解決するから楽。次からも最初からこの人に頼めばいいんだ』なんて覚えられちゃうわけね。

この遅延ちゃんはＡＩが色々な可能性を考えて、アナタがどんなタイミングで返事をしたら体よく事が運ぶか考えてくれるわけよ」

「なるほど」

「アナタもこれから同じように対応すればいいわ。そうしたらアナタが損な役回りをすることも減るでしょ」

「参考になりましたあ」

解説

今回はいつも損な役回りばかりで、モヤモヤする人のお話です。まあこういう人いますよね。いつも自分ばかりが面倒なことを頼まれるという人。周りもついつい甘えちゃったり、場合によっては「あの人こういうのが好きだから」なんて勝手に思っていたりします。

ここで問題になる「期待」というのは、「あの人ならきっとやってくれるはずだ」という期待。その期待に応えてしまおうとするアナタ自身の問題なんです。

だって、誰もがやりたがらない仕事を引き受けていたら、次もお願いしようって期待されるのは当然じゃないですか。本来はきっぱり断ればいいわけです。それができないから不本意な現状になっているので、自らが招いている状況でもあります。

こういうときはちゃんと「Ｎｏ」と言う。「以前も私がやったので」と言えば、たいていの人は納得してくれます。それでも「Ｎｏ」と言えないのであれば、即答しない。少し返事を遅らせてみる。これはゆるいＮｏなので、「Ｎｏ」と言う練習にはちょうどいい。

だって良い話や、ぜひ引き受けたい話があると速攻でレスしますよね？　返事の速さがアナタの意欲の表れでもあるわけです。だったら、やりたくない話なら少し間をおいて返事すればいい。その間に他の人に頼む可能性もあるわけですから。

返事を遅くするのが嫌なのであれば、一旦答えを保留にする方法もあります。「ちょっと待ってね。確認してから正式にお返事します」といって返事を遅らせる方法。これならやりやすいですよね。またこのワンクッションをいれることで、「ごめんね、ちょっと今はバタバタしてできなさそうです」と断りにつなげることもできます。

でも本来は、できないもの、やりたくないものはきちんと「No」と言うこと。それに越したことはありません。少しずつ言えるように練習しましょう。

カルテ6 まとめ

- 人からの不本意な期待には応えなくてよい。
- 「Ｎｏ」と言えない場合には、返事を遅らせてゆるい「Ｎｏ」を示せるように練習する。

カルテ 7

主訴

会社の後輩から仕事のことで相談されて親身になって答えたのに、急に転職してしまった

「あ――――、今日は早く仕事終わった」

私は背伸びをして、そそくさとデスクを片付けていた。久々の定時上がりなのでドラマ『家康ですけど』の続きを見たかったのだ。

「先輩、ちょっとちょっと」

そんな私の左肩をちょいちょいとつつく人がいたので顔を向けたら棚岡南だった。私の素敵で大事な後輩である。

「話したいことがあるんですけど。もしよかったら私もこれで上がるんで、ソバガキヤにごはんでも行きません？」

「あ――――、ソバガキヤ！　今話題のラーメンカフェだよね。気になっていたの」

とまあこんなわけで久しぶりに棚岡と夕食を食べることになったわけである。

ソバガキヤは会社から歩いて10分ぐらいのところにある。人気の店だが幸いすいていて、私たちは奥の半個室になったテーブルに案内された。

「ああ、よかった。ここだとちょっとした話もできるね」

一通り注文した後で早速私は棚岡に尋ねた。

「で、話って何なの。わりと深刻な話よね」

棚岡は目をテーブルの上に落とし、少し黙ってから口を開いた。

「さすが先輩。察していただけて嬉しいです。実は私、会社を辞めようかなと悩んでいて」

「えっ、どうして」

思わず私は大きめの声を上げてしまった。棚岡は私とは違い、コミュニケーション能力も高く、仕事もよくできる。ちょっとぶりっこな感じではあるが、誰からも好かれていて会社でとても楽しそうに仕事しているように見えるからだ。

「先輩だから打ち明けるんですが、実は私、ヘッドハンティングされているんです」

「えっ、そうなの。どこから？」

「会社の向かいのデカ紅商事です」

「デカ紅！」

　会社の向かいには、おそらく知らない人は誰もいないであろう日本を代表するデカ紅商事のビルがある。さえない中小企業であるうちとは、比較にならないぐらいのものすごい会社である。

「そこだと待遇はうちとは全然違うわよね」

「ええ、給与待遇面をいっちゃなんですが、スケールが違う感じで」

「そりゃそうでしょ。でも、すぐ向かいだから、時間があったらまたこうして遊びましょ」

「いや、まだ行くとは決めてないんです」

「なぜ」

　そこから私と棚岡は二時間近くも話し合っていた。棚岡の話をまとめるとこんな感じであった。確かに、ありえないぐらいすごい会社だけど、まずは期間を区切った雇用であること。そこで評価されてから正式に社員になれるとのこと。また一度見学に行ったが、かなり忙しくギスギスした雰囲気であること。そして自分を採用しようとする理由は、今行っている大きなプロジェクトが難航し、何人も辞めており、その穴埋めであることをちらっと聞かされたことなどであった。

私は以前自分がうつ病で倒れたときに、棚岡にがんばってもらった恩義がある。恩返しというわけではないが、親身になって色々アドバイスすることにした。

「んー――、私だったらちょっと気になるから、今回はパスするかもしれないな。デカ紅の社員ともあろう人が何人も辞めちゃうぐらいのプロジェクトなんでしょう？　自分が配属されたあと何をすることになるのか、よく確認してから決めたほうがいいよ」

「そうですね、先輩、なんだか気持ちがだいぶスッキリしました！　ありがとうございます」

棚岡は笑顔で答えた。その爽やかな笑顔を見て、私も少しは恩返しできたかなと思った。

「なんてこともあったのにさああ、棚岡のヤツ今月末で辞めちゃうってさあ」

私はとっておきのダイコクプレミアムビールをプシュリとあけ、一気にグビっと喉に流し込んだ。

「ちょっとおおお、楓ちゃん飲みすぎじゃないの」

対するＴｏｍｙはチョウシヤ梅酒をチビチビ飲んでいる。

「うるさいっ、これが飲まずにいられるかあああ。私は恩のある、かわいい後輩だと思ったから親身になってアドバイスした。あの時間は何だったんだあああ」

「いや、アドバイスを求められただけであって、最終的に決断するのは本人なんだから仕方ないじゃないのよ」

「そうだけどさあああ」

私はもう一口ビールを飲み進めた。

「あれ、もうビールないや」

立ち上がって冷蔵庫に向かう。

「もう、よしときなさいよ。明日も会社でしょ」

「私の心がビールを求めるんだああ。会社がなんだあああ。何がデカ紅商事だあああ」

「もう、しょうがないわね。今回はタダで道具貸してあげるわ」

Ｔｏｍｙのおなかにまた謎のポケットが出現した。いつも思うのだが、これはどういう仕組みになっているのだろうか。

「はい、今回はこれ」

Ｔｏｍｙがポケットから出したのは、どこかで見たことのある小袋だった。カラフルな魚と茶碗に盛ったごはんのイラスト。よく見ると「おかか」と書いてある。

「何これ、ただのふりかけじゃないのよ」

「ただのふりかけじゃないんだな、これが」

Ｔｏｍｙは不敵な笑みを見せ、小袋を開けると勢いよく私に向けてふりかけた。

「ちょっとおおおお、何するのよ。汚れるじゃない」

「ん、本当に汚れているの？」

そう言われて慌てて私は自分のパジャマを確認した。体には何もついていなかった。

「何、今の」

「これはね、『人の身ふりかけ』。人の気持ちがよくわかるようになる、ふりかけよ」

………。なんじゃそりゃ。特に私に何か変化があるようには思えない。

「別になんにも変化ないけど」

「そうかしら？　ふふふふふ」

その瞬間、私の携帯が鳴った。英輔さんだった。

「あ、英輔さん。どうしたの、こんな時間に」

「ちょっと大切な話があるんだ。いいかな」

「も、もちろん」

「あのさ、俺の会社に来ない？」

「へっ」

英輔さんの話はこうだった。英輔さんは、ＩＴのベンチャー企業の社長である。ちょうど新しくオンラインヨガレッスンのプロジェクトを始めているが、その目玉講師の先生が突然会社を辞めてしまった。そこで新たなヨガ講師を募集しているので、ぜひ応募してくれないかとのことだった。

「いいのかな、私なんかで」

「うん、ちゃんと面接は受けてもらうんだけど、楓なら大丈夫」

「ありがとう。ちょっと考えさせてくれる？」

「もちろんさ、じゃあ、また次のデートでね」

電話を切ったあと、私はしばらくの間黙って考え込んでいた。今の会社には特に不満はない。

でも、私はずっとヨガをやっていて、いつかこれを仕事にできたらと夢を描いてきた。しかも英輔さんと同じ会社で働ける。給与は聞いていないけれど、英輔さんの会社なら明らかに今の会社よりは上だろう。でも、英輔さんと同じ会社だとかえって気を使って働きにくいのではないだろうか。それに今の会社も時々変なやつがいて悩ませられるけど、基本的にはいい会社だと思う。英輔さんの会社は、話を聞いているともっと変人が多そうだ。でも、自分の夢をかなえるには今が最大のチャンスな気もする。でも………でも。

色々考えていると、私は妙な視線に気がついた。言うまでもなくＴｏｍｙである。

「ちょっと、何ニヤニヤしているのよ」

「ねえ、わかった？」

「わかったって何が」

「人の身ふりかけの効果」

「あっ」

そうか、これか。

「このふりかけをかけた人は、他人の身に起きたことが自分の身にもふりかかるのよ。そして、充分相手の気持ちがわかるようになる」

「なるほど、だから棚岡と同じような出来事が舞い込んできたのね」

「そう、それでどう？　棚岡さんと同じような立場になって」

「うーん、確かにすごく悩むわ。どの選択をしても、良い点も悪い点もある。そしてやってみないとわからないことだらけ。私も棚岡に相談したくなっちゃうぐらい」

「でしょ。で、もし棚岡さんに相談して、何らかの答えをもらったら、絶対その通りにする？」

　私はいつの間にか腕を組んでいた。もし棚岡ならどう言うだろうか。おそらく私の顔を立てて、冷静に良い点悪い点を伝えてくれるだろう。そして「でも大切なのは先輩が納得することですよ。だから、あくまで私の意見として聞いてくださいね」などと私に気を使わせないようにして、「私なら受けるだけ受けてみます」と言うのではないだろうか。

「ううん、きっと自分で考えて、彼女の意見は参考程度にするわね。自分のことだもの。それに棚岡は『私の言う通りにしなかった』なんて思わないはずよ」

「そうね、アテクシもそう思う。でもアナタは？」

　あっ。私は、自分が話を聞いてあげたのだから、辞めるべきじゃないなんて考えていた。こうして自分に置き換えてみると、いかに自分が小さな人間か、少し恥ずかしいぐらいに思えてきた。

「私、なんだかひどかったわね」

「ううん、気持ちはわかるわよ。でも大切なことだもの。棚岡さんは素敵な後輩だし、彼女の結論を尊重してあげましょう」

「うん、そうね。私が間違っていた。じゃあ、元の状態に戻して」

「できないわよ」

「ええええっ」

「人の身ふりかけの効果は一回だけど、取り消せません。充分悩んでね、チャオ」

そう言いながらＴｏｍｙは押し入れの中に隠れてしまった。

ちょっと、私どうしたらいいのよっ。チャオじゃないわよ。

解説

今回は退職するかどうか相談されて、親身になって色々と話を聞いてあげたのに、結局辞められてモヤモヤするお話でした。まあ時々こんな話ってありますよね。

アテクシもちょっと状況は違うのですが、某病院の医局長に熱心にスカウトされて入職を決めたのに、入職直後に「僕はもう辞めるんだけど、がんばってね」と言われてモヤモヤしたときのことを思い出しました。

確かにモヤモヤする気持ちはわかるのですが、仕事の進退という大きな問題であることを考えると致し方ないですよね。それより、こういったことで気まずくなり、せっかくの良い人間関係を壊してしまうのもちょっともったいないかなと思います。

少し冷静になって、お互い気が合うのであれば、「水に流して連絡をとろう」というぐらいのスタンスが一番いいんじゃないかなと思います。

カルテ7 まとめ

●仕事の進退のような大きな問題は、親身になっても報われないのは当たり前なので、気が合う人なら、水に流して今後も連絡をとるぐらいのスタンスで。

カルテ 8

主訴

友人のSNSをフォローしたのに、フォロバしてくれない

「あ――――、最近何もいいことがねえええ、何か面白いことないかなああ」

とある金曜日の就寝前のひととき、私はリビングのソファで横になりながら、つぶやいた。最近英輔さんは仕事が忙しく、週末なかなか会えないのだ。

「暇そうねえ、アナタ」

Ｔｏｍｙは缶チューハイを飲みながら、向かいのソファでゴロゴロしている。こいつにだけは言われたくない。


特にやることもない私は、なんとなくインスタを眺めていた。

「あれっ、これリカぽんじゃん」

「リカぽん？」

「いや、今おすすめ動画に出てきたんだけど、私の高校時代仲良かった子だわ。やだ１２５万回再生もされてるじゃん」

私が高校一年生の頃のことだ。雑誌の特集を読んで、ヨガに興味を持っていた私は、ヨガサークルを作ることにした。そのとき、最初にメンバーになってくれたのが甲山里香こと、リカぽんである。最近全く連絡をとっていないが、おそらく会えば話はきっと盛り上がるだろう、そんな感じの関係性だ。

リカぽんのインストは、ヨガチャンネルのようだ。しかしファッションが奇抜で、全身カラフルなパステル調の服、髪はお団子結び、ファンキーな感じである。およそヨガには似つかわしくないダンスミュージックでヨガをするという組み合わせである。

「すごいわねえ、フォロワーも50万人超えているよ、私もフォローしーちゃお」

「アナタもミーハーなところあるわよねえ」

「るさいっ」

私は、フォローついでに最新の動画にもコメントを入れることにした。

「こんにちはー、高校時代のヨガサークルの楓です。覚えてくれているかな？インスト最高だね」

これでヨシと。

その後私はすぐにリカぽんからコメント返しが来るだろうと思っていたもの

の、なかなか返事は来なかった。私がコメントをつけた動画も数百のコメントがついていたから、もしかしたら見落とされていたのかもしれない。

「はあ」

「ちょっと最近スマホ見すぎじゃない？」

リカぽんをフォローしてから一週間ぐらいたっただろうか。その日も夕食を食べ終えて私はＴｏｍｙとリビングでゴロゴロしていた。

「なかなかリカぽんからレス来なくてね」

「きっと忙しいのよ」

「うん」

と言いつつ、またインストを眺めてしまう。そのとき、私はコメント返しのお知らせが来ていることを発見した。

「あ――――、何か来たよ」

「お、リカぽん？」

「うんうん。ちょっと待ってね。『きゃは、覚えてるよ。これからもよろしくね』」

「それで」

「これだけ」

そう、本当にこれだけだった。もちろんフォロー返しもない。露骨に「とりあえず返事しときました」という感じだった。私はしばらく、ぼんやりインストの画面越しにニコニコしているリカぽんを眺めていた。

「か・え・でちゃん？」

「………」

「お――――い、か・え・でちゃん」

Ｔｏｍｙが心配しているのか、私の顔の前で手を上下に動かしたりしている。

「何か気になっているのなら、アテクシがレクチャーしてあげようかあ？」

「えええ、気になっているけど1万円もないわよ」

「ううん、今回は1000円でいいわ」

Tomyはニヤニヤしながらうなずいた。

「1000円⁉　安いじゃない。何かたくらんでないでしょうねえ」

「んまっ、人聞きの悪い。手抜きも一切なし、追加料金もなし。ぽっきり1000円でーす」

私は財布から1000円取り出し、Tomyの手のひらにねじ込むように手渡した。


「まいどありいいいい、では恒例の道具を取り出しまーす」

いつものように謎のポケットが現れるとばかり思っていたところ、Tomyは自分の寝床の押し入れを開けて、スマホケースのようなものを取り出した。ガラスやカラフルなビーズでデコレーションされている。

「これは、スマホケース……よね」

「ピンポーン。これはねえ、『キラキラインフルケース』っていう道具でーす。

さっ、楓ちゃんのスマホ貸して」

「ああ、はい。でも私のスマホ結構マニアックな会社のだけど、サイズ合う？」

「チッチッチ。これは22世紀のスマホケースなのよ。フリーサイズでーす」

Ｔｏｍｙの言うように、私のスマホにピッタリの大きさだった。

「はい、しばらくこれを普通に使ってみてね。何が起こるかはお楽しみでーす」

Ｔｏｍｙから返してもらったスマホを確認してみたが、特にどの機能も普通に使えそうだ。

「ふうううん。まあ、ちょっと様子を見るわ」


「おはよう、楓」

「ふわっ、英輔さあああん」

翌朝私は寝ぼけながらアラームを止めた。先日英輔さんが自分のボイスをアラームに設定するといういたずらをしたのだ。おかげで、毎朝半分寝言を言いながら目覚めるようになってしまった。

そのあと、私はいつもSNSをチェックする。インスト、ツイーター、TikTik、一通りはやっている。確かに私はSNSジャンキーである。

ん？

んんんん？

私はある異変に気がついた。どのSNSからもめちゃくちゃ通知が来ている。通知の数も469とか1052とかありえないような数だ。

「えー、何これ」

だんだん目が覚めてきて私は気がついた。ああ、これ多分Tomyの変なスマホケースのおかげだろう。キラキラなんとか……。そうキラキラインフルケースとかいったっけ。

「ねえ、ちょっとTomy起きなさいよ」

私は押し入れを無理やり開けた。Tomyは裸だった。

「きゃあああああああああああああああああ」

私とTomyはハモりながら叫んだ。

「ちょっとなんでアンタ裸なのよ」

「アタシはシャネルの5番で寝るのよ」

「何それ表現が古すぎよ」

一通りお互いをののしったあと、私はTomyに聞いた。

「ねえ、あのスマホケースってさ、もしかして私をインフルエンサーにしちゃう効果があるわけ?」

「それを聞きたくて無理やり起こしたのね。そうね、その通りよ。しばらくインフルエンサー気分を味わいなさい。私は二度寝する」

Tomyはピシャリと押し入れを閉めた。


「うはははははは」

「ちょっと気持ち悪いじゃない。トイレの中でいきなり声出さないでくれる?」

「あら、ごめんなさい。今私のインスト見ていたもんだから。とうとうフォロワーが100万人突破よ」

それから一週間後、Tomyの道具のおかげで有名インフルエンサーとなった私は、すっかり有頂天になっていた。上げている内容は実にたわいもないものばかりだが、毎回大量に「いいね」やコメントがつくのである。

「さすがカエデン。フライドポテトが一本外に落ちているところもカワイイ♡」

「近くの公園、さびついた遊具が心に沁みますね。いつも癒やされています。ありがとうございます」

「役場に行った時の写真、すごく綺麗ですね。たわいもない光景でもカエデンが映っているだけで芸術作品です」

いやああ、どいつもこいつも、アタシのこと大好きなんだな。

ん？

一通りチェックが終わってトイレから出ようとしたとき、私はある人からダイレクトメッセージが来ていることに気がついた。リカぽんである。

「きゃあああああ、大活躍だね!!　私のインストフォローしてくれているのに、今さら気がついたよ。とても光栄!! 私もフォローするね。そういえば昨日上げてたカップラーメンをすする動画最高だね。普通にカップラーメン作って食べているだけなのにこんなカワイイなんて。私も早く楓みたいになりたああああいいい♡♡♡」

私は何も返事を書かず画面を閉じながらトイレから出た。

「へっ、今さら何よ」

「なあにい?」

トイレの外ではTomyがポテチを食べながら何かのドラマを見ていた。

「いやさあ、今さらリカぽんからメッセージ来てさ。私が売れたからって何さ」

「ふうん、で何か返信した?」

「するわけないじゃないのよ。こんなん露骨すぎよ。私もコメントやいいねが多すぎて対応なんかしきれないし」

「それよ、ド――――ン」

いきなりTomyは私に向かって人差し指を突き出した。

「ちょっと、ド────ンって何、ド────ンって」

「いや、まあそれは気にしないで。アナタねえ、先週リカぽんからフォローバックがないって怒ってたじゃない？」

「そうねえ」

「そのときのアナタはこんなにフォロワーいなかったわけじゃない？」

「そうねえ」

「で、昔の知人が有名インフルエンサーになったのを見つけて嬉々としてコメントつけたわけじゃない？」

「そうねえ」

「そのとき相手も同じこと思っていたはずよ。『うわ、私が売れたから露骨にコメントつけてきたな』って」

「あっ」

「こんなに典型的なブーメランもないわよねえ」

はい、何も口答えはできなかった。確かに、もともと始めたのは私のほうだ。

「そもそもさ、ＳＮＳなんてみんな使っている意味合いが違うわけよ。リアルな人間関係では使いたがらない人もいるしさ。基本フォローしない人もいるしさ。自分がこう使っているからって、相手にも同じような使い方期待するのもどうなのよ」

「はい、確かにその通りです」

そう、ＳＮＳなんて使い方は自由なのである。勝手に「これぐらいは当たり前でしょ」なんて押し付けるのはよくなかった。

「まあ、充分反省しているみたいなので、道具返してくださいね」

「はい………。ところで、これ返しちゃっても効果は残るの？」

「そんなムシのいい話はないわ。外した瞬間から魔法は消えるわよ」

「まあしょうがないですよね」

私は素直にケースを返した。

しかし、魔法は消えたが、魔法の残骸は残ってしまった。日々大量のフォロワーが減り、いつの間にかリカぽんからもフォローを外されてしまったが、後には調子こいて撮った大量のどうでもいい写真と、ほめ殺しのような大量のコメントが残された。

田んぼで歩いているカエデン、最高です♡♡♡

あああああああ、蚊に刺されたあと大変っ。カエデン本当に大丈夫？　心配しています。

ゆでたまご、綺麗にゆであがっていていいですね。カエデン、お料理もとても上手ですよね。

マジで恥ずかしい。本当に恥ずかしい。

そのあと私はコツコツと過去の投稿を削除する羽目になった。

解説

今はＳＮＳの時代といってもいいですよね。本当に数多くのＳＮＳがあり、最近はリアルなコミュニケーションより、ＳＮＳ上のコミュニケーションのほうがメインなんじゃないかと思うぐらいです。

同時にＳＮＳに関する悩みも増えてきたように思います。「ＳＮＳ疲れ」なんて言葉もありますよね。最初は遊びやおまけ程度だったのがメインになるにつれ、リアルな人間関係と同等の価値を持ってきたのかもしれません。

ただリアルの人間関係と違うのは、付き合い方のルールができていないこと。「こういう場合、普通こうするでしょ」といった暗黙の了解のようなものがまだないのです。

たとえばアテクシはツイッターメインで活動しているわけですが、

「FF外からのレス失礼します」という言葉をたまにみかけます。最初アテクシはその言葉の意味がわからなかったのですが、どうやら「フォローしてないけれど、レスさせていただきます。ごめんなさい」という意味だったようです。それを知ってアテクシは少し驚きました。というのもツイッターのルールとして「好きにフォローすればいいし、好きにフォローを外せばいい」という理解だったからです。もちろん好きにしていいわけですから、レスをつけるのにも「フォローしてなくてすいません」などと言う必要もないと思うわけです。

これは1つの例えですが、SNSというのは多くの人が気軽に利用できるものです。利用者にとって「当たり前」はみんな違うのです。そんな中で相手に自分のルールを「期待」していないかどうか、改めて考えてみるほうがいいでしょう。

カルテ8 まとめ

●明確なルールがないSNSでは、相手に自分の当たり前を期待しない。

カルテ 9

主訴 いつもの日々がずっと続くと期待していた

「ただいまー」

その日もいつものように帰宅すると、Ｔｏｍｙが玄関で待っていた。

「おかえりなさい。そうそう、今朝アナタ宛ての郵便が来たから受け取っておいたわよ」

「ありがと」

Ｔｏｍｙから手渡されたのは、薄緑色の封筒だ。株式会社ユードリームと書いてある。

「ああ、これ英輔さんの会社だ。こないだの面接結果かな」

「そうそう、結局受けることにしたのよね」

そう、あれからよく考えた挙句、ヨガ講師の募集に応募したのだった。もし合格したら、今の会社を辞めて、英輔さんの会社で働く。

「あああああ、受かっているかなああ。受かっているかなななああ」

「いや、多分そこに答え書いてあるでしょ。早く開けなさいよ」

「だってだって、答えを知ってしまったら、答えを知ってしまうことになるじゃん。そうしたら後に戻れないじゃん、わかんないかなあ、この乙女心……あっ」

私がわけのわからないことを言っていると、Ｔｏｍｙに封筒を奪われてしまった。

「はいはい、さっさと開ける」

Ｔｏｍｙは、問答無用で封筒を開け、中の便箋に目を通した。

「ちょっと、ちょっと。それは私がやるべきじゃない。結果は結果は」

Ｔｏｍｙは首を振り、オーバーにため息をついた。

「残念ね………、**合格よ!!!**」

「おおわあおおおわああああああああああああああ」

そのあと私とＴｏｍｙは、冷蔵庫にある缶ビールで乾杯をして夕食をとった。

そして、いつものようにリビングでゴロゴロし始めたタイミングで、私はこう切り出した。

「あのさ」

「何？」

「ちょっと大事な話」

「えっ」

それまでソファに寝転んでいたＴｏｍｙは体を起こして姿勢を正した。

「あのね、実はこの部屋を出ようと思うんだ」

「そっか」

Ｔｏｍｙは意外にもさほど驚いたような感じではなかった。

「もともと英輔さんと話していたんだけど、私がヨガ講師に合格したら、そろそろ同棲しようかって。で、部屋も選んでいたの」

「アテクシは、もうここを出たほうがいいってことね？」

「いやそうじゃない」

「えっ」

Ｔｏｍｙはやっと驚いた顔を見せた。

「Ｔｏｍｙのことは英輔さんには話してあるし、三人でも住めるようなお部屋にしたの」

「いや、そんなのアテクシがいたらお邪魔でしょ」

「Ｔｏｍｙも住むところを探すのは大変でしょ。半分二世帯みたいな面白い物件見つけてきたから気兼ねはいらないわよ」

そう。Ｔｏｍｙはなんていったって四次元とか、よくわからない世界から来ているのだ。しかもロボットだし。住民票とか戸籍とかもないだろうから、部屋なんて探せないだろう。

Ｔｏｍｙはしばらく考える素振りを見せてから、口を開いた。

「いや実はね、アテクシも話さなければいけないことがあるんだ」

「えっ」

「アテクシは、今度こそあっちに帰らなければいけないの」

今度は私のほうが驚いた。驚きのあまり、少しめまいがするぐらいだった。

「い、いつ」

「もう明日ぐらいには。ごめんなさいね、さっき向こうから急に言われちゃって。もうちょっと時間くれるかなあと思っていたんだけど」

「ずっとこっちにはいられないの？」

「そうよ、もともとアナタに借金があったからアテクシは帰れなかった。前回の1000円でちょうど借金がチャラになった。だから速やかに帰らなきゃいけない」

そうか、だから前回レクチャー代1000円でいいって言われたんだ。

「えっ、もうそんなのいいじゃない。ずっとこっちにいてよ」

私は半ベソをかいていた。

「ダメなのよ、アテクシたちの世界にもロボット三原則っていうのがあって……はっ」

Tomyは慌てて口元を押さえる。

「大丈夫よ、アナタがロボットだってこと、薄々知っていたから」

「そっか、知っていたのね。で、アテクシたちの世界のロボット三原則の1つに『よその世界に飛び込んだロボットは、借金があるうちは帰ってきてはいけない。そして借金が無くなり次第速やかに帰ること』ってルールがあるの」

「そんなの無視しちゃいなさいよ」

「ダメなのよ。無視するとそのロボット、遠隔操作で破壊されちゃうの」

「そんな………」

ああ、きっと今回はどうにもならないんだ。私とＴｏｍｙとの間に長い沈黙が訪れた。Ｔｏｍｙとの様々な思い出が脳裏をよぎっていた。

「じゃあ、明日なのね」

「うん、明日の朝9時にこちらを出発するわ」

そのあと急遽《きゅうきょ》私とＴｏｍｙは近くのコンビニに行き、ケーキやらスパークリングワインやらを買い込んだ。深夜まで何度も乾杯し、語り合った。

そしていつの間にか寝落ちして朝を迎えた。

「う――――ん、もう朝か……朝っ」

慌てて飛び起きて時計を見る。朝9時32分。えっ。慌てて周りを見渡したが、もう誰もいなかった。トイレやベランダも見たが、もちろん誰もいない。そして私はテーブルの上に、家の鍵と一緒に手紙が置いてあるのを見つけた。

「楓ちゃんへ
突然いなくなってごめんなさい。アテクシたち喧嘩もいっぱいしたけれど、楽しい時間もいっぱい共有できたわね。勝手に、姉妹のような存在だと思っていたわ。きっとアナタもそう思ってくれているんじゃないかな。
もっともっとこんな日々を過ごしたかったけれど、仕方がないわね。でもアテクシがアナタに伝えたことが、きっとこれからも役に立ってくれるでしょう。もうアナタはアテクシなんかがいなくても大丈夫よ。

これからアナタへの最後のレクチャーを、ここに記したいと思います。生きている上で一番やりがちで、そして辛い思いをしてしまう「**期待**」が1つだけあります。

それは同じような日々が毎日続くだろうという期待。ついつい忘れてしまいがちだけど、日常は当たり前の存在ではないの。明日も今日と同じような日が来るわけじゃない。

当たり前のようになっていた存在が突然いなくなること、これからも沢山あるの。そしてそのたびに辛い思いをするでしょう。でも忘れないで、必ず代わりに新しい何かが始まる。

さらにこの繰り返しこそが人生なの。アナタにできる唯一の対策は、当たり前のことを当たり前だと思わず、毎日毎日を感謝しながら、大切に過ごすこと。

これからもアナタの幸せを、アテクシはちゃんと見守っています。今まで本当に、本っ当にありがとう。

Tomy

私はこの手紙を、気がつけば何度も何度も読み返していた。そして両頰をなでる感触のあと、便箋に二しずく、何かが落ちて字がにじんだ。

そう、私は泣いているのだった。

解説

今回は、一番大切で、一番乗り越えるのが難しい「期待」についてです。

とうとうアテクシが楓ちゃんの前から消えてしまいました、突然に。しかし、こんなお話は決してフィクションの中だけではありません。おそらくこの本を読んでいる方にも経験があるのではないでしょうか。

毎日続くはずだと期待していた日常。実は日常というものは幻想のようなもので、たまたま同じ日がこれまで続いていたにすぎないのです。当たり前にいてくれた人との突然のお別れ、住み慣れた場所からの突然の引っ越し。突然健康を損ね、これまでのような生活ができなくなること。

残念ながら、これらは必ずいつか起こりうることなのです。私たちにできることは、当たり前のことが当たり前じゃないと知り、その瞬間を大切に、大切にしながら生きること。ただそれだけですが、これが大きな力になります。

よくよく考えてみれば、私たちが生を受け、この世界に存在すること。これだって当たり前ではないのですから。

カルテ9 まとめ

●当たり前のことは、決して当たり前ではないということを自覚し、毎日を大切にしながら生きること。

おわりに

さて、今回のお話はいかがだったでしょうか？

まさかこんな終わり方だとは？　と思った方もいらっしゃるかもしれません。（『おわりに』から先に読んでしまう奇特な方のためにネタバレはしないでおきます）。

でも、人生、本当にこんなもんなんですよね。あっという間に、あっけなくきっと終わってしまうようなものなんだと思います。

だからこそ、他人に振り回されているような時間はもったいない。自分のやりたいことのために人生の貴重な時間を使うべきだと思います。

結局アテクシが様々なメディア活動を行うのは、この現実をなるべく多くの皆様にお伝えしたいからなのですよね。

この本を読んで様々な「他人に振り回される」から、少しでも自分を解放する、そのお手伝いができれば、アテクシも作家冥利に尽きるといったところです。とはいえ、アテクシとて未だに他人に振り回されることはあります。皆様、これからも一緒に、少しずつ精進してまいりましょうね。

令和五年七月

精神科医Ｔｏｍｙ

制作スタッフ
［装丁・本文デザイン］　松川直也
［イラスト］　カツヤマケイコ
［校正］　西進社

［編集長］　山口康夫
［企画・編集］　糸井優子

精神科医Tomyの人に振り回されない魔法の言葉

2023年9月1日　初版第1刷発行

［著者］　精神科医Tomy
［発行人］　山口康夫
［発行］　株式会社エムディエヌコーポレーション
〒101-0051　東京都千代田区神田神保町一丁目105番地
https://books.MdN.co.jp/
［発売］　株式会社インプレス
〒101-0051　東京都千代田区神田神保町一丁目105番地
［印刷・製本］　シナノ書籍印刷株式会社

定価はカバーに表示してあります。

【カスタマーセンター】
造本には万全を期しておりますが、万一、落丁・乱丁などがございましたら、送料小社負担にてお取り替えいたします。お手数ですが、カスタマーセンターまでご返送ください。

【落丁・乱丁本などのご返送先】
〒101-0051　東京都千代田区神田神保町一丁目105番地
株式会社エムディエヌコーポレーション カスタマーセンター
TEL：03-4334-2915

【内容に関するお問い合わせ先】
info@MdN.co.jp

【書店・販売店のご注文受付】
株式会社インプレス　受注センター
TEL：048-449-8040／FAX：048-449-8041

ISBN978-4-295-20536-4 C0095